Jacques Ferron

au pays des amélanchiers

Collection « Lignes québécoises »

dirigée par MM. Albert Le Grand et Laurent Mailhot
professeurs à l'Université de Montréal

SÉRIELLES

Léo-Paul Desrosiers ou le récit ambigu
par Michelle Gélinas

TEXTUELLES

Saint-Denys Garneau à travers Regards et jeux dans l'espace
par Robert Vigneault, professeur à l'Université McGill de Montréal

Germaine Guèvremont : une route, une maison
par Jean-Pierre Duquette, professeur à l'Université McGill de Montréal

Hubert Aquin, agent double
par Patricia Smart, professeur à l'Université Carleton d'Ottawa

Jacques Ferron au pays des amélanchiers
par Jean-Pierre Boucher, professeur à l'Université McGill de Montréal

La collection LIGNES QUÉBÉCOISES entend constituer une bibliothèque d'études et de lectures critiques sur les œuvres marquantes de notre littérature. Cette collection comprendra des volumes répartis en deux sections : l'une constituée d'essais de synthèse, qui étudiera l'ensemble de la production d'un auteur ou d'une époque — ce sont les Lignes québécoises SÉRIELLES —, l'autre qui abordera dans des monographies une œuvre en particulier, roman, recueil, pour en interroger les pulsations secrètes — ce sont les Lignes québécoises TEXTUELLES.

Jacques Ferron

au pays des amélanchiers

par Jean-Pierre Boucher

1973
Les Presses de l'Université de Montréal
C. P. 6128, Montréal 101, Canada

IBSN 0 8405 0225 7
Dépôt légal, 3ᵉ trimestre 1973, Bibliothèque nationale du Québec
Tous droits de reproduction, d'adaptation ou de traduction réservés
©Les Presses de l'Université de Montréal. 1973

introduction

Jacques Ferron a la patience coriace. Pour ce patriote fervent cependant, la pratique de notre vertu nationale s'imposait. Son nom a mis vingt ans à monter dans le ciel de nos lettres. Si la mise en orbite a été longue et difficile, son œuvre n'a pas fini de briller au-dessus de nos têtes. Il y a deux voies qui mènent à la gloire littéraire chez nous. La première consiste à écrire un roman, un recueil de poésie, une pièce, deux au maximum — il ne faut pas gâter son talent — et à les utiliser ensuite comme tremplin pour se propulser vers l'administration ou la diplomatie. La seconde, celle qu'a choisie Ferron, se distingue de la première en ce qu'elle n'oblige pas l'écrivain à rengainer sa plume après quelques bottes et parades : route ardue et périlleuse où l'écrivain doit se frayer seul un chemin à force de bras, si j'ose dire. Bref, si Jacques Ferron est médecin en même temps qu'écrivain — spécialiste de la langue, cela va de soi — ce n'est pas qu'il convoite le ministère de la Santé, encore moins celui de l'Éducation et des Affaires culturelles. Cela ne veut pas dire que Jacques Ferron n'écrit que pour soi et qu'il considère la littérature comme un moyen d'évasion ou de découverte d'un salut individuel. Je dirais qu'il écrit comme un médecin doit soigner, en n'espérant rien d'autre que par son travail la qualité de la vie s'améliore.

Ainsi Jacques Ferron a lentement construit une œuvre dont on commence à s'apercevoir aujourd'hui de l'étendue et de la qualité. Il a pour ainsi dire forcé la critique à s'intéresser à lui. Il devenait en effet assez étrange d'escamoter le nom d'un écrivain qui, bon an mal an, publie un ou deux livres. Qui a bu boira, qui a lu du Ferron une fois en relira. J'ai pu me rendre compte depuis 1970 de la popularité grandissante de Jacques Ferron auprès de mes étudiants. Cette étude, que j'écris pour eux, leur doit d'ailleurs beaucoup.

Il peut sembler hasardeux de consacrer un ouvrage à un roman, *l'Amélanchier* [1], encore dans sa première enfance, puisque publié en 1970. Ainsi, au moment où j'écris ces lignes, j'apprends la parution d'une version revue et corrigée de *Papa Boss* et de *la Nuit* [2]. Peut-être en sera-t-il de même pour *l'Amélanchier* dans quelques années. Mais une semblable réflexion nous conduirait à fermer les yeux sur toute la littérature québécoise contemporaine. Il me semble qu'à cette heure décisive de son histoire, l'heure de l'orientation qui va engager son destin, le Québec a besoin d'entendre toutes les voix, et surtout celles de ses écrivains contemporains qui vivent quotidiennement le drame collectif.

Je ne prétends pas écrire un ouvrage définitif sur *l'Amélanchier*. Bien au contraire, j'espère que l'unique qualité de cette étude sera de permettre que la discussion s'engage. J'écris en quelque sorte porté par l'enthousiasme, convaincu que ce roman est une réussite remarquable. Je veux communiquer au lecteur le plaisir que j'ai à lire Ferron. Pourquoi alors avoir choisi *l'Amélanchier*? Les titres ne manquaient pourtant pas. *L'Amélanchier* me semble cependant résumer toutes les dimensions des œuvres précédentes et les porter à un degré de perfection inégalé jusqu'à maintenant. *L'Amélanchier* peut donc servir d'introduction à l'œuvre entière de Ferron. Rappelons que Jacques Ferron n'en était pas, avec ce récit, à son coup d'essai ; c'est au contraire une œuvre de sa maturité, où il est en possession de tous ses moyens. D'ailleurs l'œuvre de Ferron, souhaitons-le, n'en est peut-être qu'à ses débuts — pointe émergée d'un iceberg dont la plus grande partie est encore cachée.

Je veux plutôt analyser le récit lui-même. En d'autres mots, je m'intéresse davantage à *l'Amélanchier* qu'à Jacques Ferron. Je ne le connais pas et n'ai pas l'intention de me rendre chez lui magnétophone et appareil-photo en bandoulière. Si

1. *L'Amélanchier*, Montréal, Éditions du Jour, « Les romanciers du jour », 1970, 163 p. Toutes les citations sont tirées de cette édition.
2. *Les Confitures de coing* et autres textes, Montréal, Éditions Parti pris, « Paroles », 1972, 326 p.

Jacques Ferron doit vivre ce ne sera pas de sa vie présente — médecin, il est bien placé pour le savoir — ce sera plutôt de la vie de son œuvre, comme tout grand écrivain. Je propose donc que nous cessions de nous intéresser au médecin et au chef du Parti rhinocéros et que nous concentrions nos énergies sur une œuvre qui le mérite bien.

Trop longtemps, me semble-t-il, on s'est contenté de voir en Ferron un agréable pince-sans-rire tout en réservant prudemment ses jugements sur son œuvre. Ferron a connu longtemps le sort d'un de ses personnages, artiste comme lui :

> « Jérémie savait se mettre à la portée de ses comparses qui n'avaient retenu de l'œuvre que les cristallisations croustillantes la tapissant, les détails, des riens, des accidents ; l'inspiration de l'artiste les laissait-elle indifférents, du moins ils n'en parlaient jamais [3]. »

Or, *l'Amélanchier*, comme les autres « romans » de Ferron, à condition de voir au-delà de l'« historiette », apparaît comme une véritable œuvre d'art, c'est-à-dire comme un univers autonome régi par ses lois propres. C'est la structure de cet univers que je veux étudier.

Tentons l'expérience de la « lecture globale », selon l'expression de Jean Rousset [4]. Toute œuvre d'art est une totalité qu'il faut saisir comme telle, aucun élément de l'œuvre ne pouvant être isolé et traité séparément de la structure d'ensemble. J'appelle structure ici l'ensemble des relations nécessaires entre les différents éléments qui fait que chacun ne prend sa pleine signification que relié aux autres et à l'ensemble. Chaque élément, si petit soit-il, est nécessaire à l'œuvre dont la caractéristique première est la cohérence interne. Rien n'est laissé au hasard. L'œuvre littéraire, comme toute œuvre artistique, est une organisation de la matière, une création de formes, faites de telle sorte qu'elles dégagent une signification. L'œuvre littéraire est

---

3. « Le paysagiste », in *Contes*, édition intégrale, Montréal, H.M.H., « L'arbre », 1968, p. 60.

4. Voir notamment son introduction à *Forme et Signification*, Paris, Librairie José Corti, 1962, et « Les réalités formelles de l'œuvre », in *les Chemins actuels de la critique*, Paris, « 10/18 », 1968, p. 59–70.

une structure significative, perçue par le lecteur dans sa discontinuité — ce qui la rapproche de l'œuvre musicale et la distingue de l'œuvre picturale ou sculpturale — et qu'une analyse critique doit rendre présente à elle-même de façon simultanée. Remarquons que la recherche de structures formelles n'est pas en soi suffisante. La découverte d'une structure formelle ne m'intéresse que dans la mesure où j'en vois en même temps la signification. De toute nécessité, les thèmes ou structures de pensée de l'auteur se traduisent dans l'œuvre par des schèmes ou structures formelles. Ainsi le véritable artiste est celui qui réussit, d'instinct ou consciemment, à donner à sa pensée la forme qui lui convient parfaitement, celle qui signifie le mieux ce qu'il veut dire.

Je désire donc montrer comment, dans *l'Amélanchier*, Jacques Ferron a donné à son récit une forme, une structure significatives par rapport aux idées que véhicule l'œuvre. Si, comme Jean Rousset l'a indiqué, l'utilisation d'une grille trop stricte risque fort de causer plus de tort à l'œuvre que de bien, et s'il convient par ailleurs que le critique se fasse le plus disponible possible devant l'œuvre, invention d'une forme nouvelle qui peut et doit décontenancer, il n'est pas moins vrai, d'autre part, que partir en expédition sans armes ni bagages peut conduire à la catastrophe. Il m'apparaît opportun au point de départ de fixer des centres de recherches autour desquels amorcer l'analyse, quitte à élargir le cercle et à y introduire des notions que nous suggérera la lecture de l'œuvre. Délimitons tout d'abord trois niveaux distincts. Le premier, qui s'arrête à la phrase, est celui du récit, de la structure d'ensemble de l'œuvre ; nous aborderons ici les questions de la perspective narrative, de l'espace, du temps, des personnages, de l'histoire elle-même, toutes choses qui relèvent des techniques de représentation et de composition. C'est surtout à ce niveau que portera notre analyse de *l'Amélanchier*. Nous nous intéresserons aussi, quoique plus brièvement, au deuxième niveau, celui de la phrase : vocabulaire, syntaxe, images mythiques. Enfin nous effleurerons, en conclusion, le troisième niveau, qui est celui de la structure sociale dans laquelle s'intègre la structure de l'œuvre. Il sera intéressant de voir comment, à chacun de ces niveaux, se retrouve une structure unique qui donne à *l'Amélanchier* la cohérence qui est la marque des grandes œuvres.

chapitre premier

La notion d'orientation et ses corollaires

Avant de commencer l'analyse de *l'Amélanchier,* il est nécessaire de s'interroger sur la notion d'orientation, qui est en quelque sorte à l'origine de ce récit. Tinamer de Portanqueu, la narratrice, nous indique, dès la première page, les rapprochements qu'il convient de faire entre le récit que nous avons sous les yeux et le conte : « Mon enfance je décrirai pour le plaisir de me la rappeler, tel un conte devenu réalité, encore incertaine entre les deux » (p. 9) [1]. Le récit de l'enfance de Tinamer se développe en effet, comme nous allons le voir, selon la structure type de nombreux contes, qui est celle de l'enfant perdu essayant de retrouver son chemin.

Perdue en mer

Lorsque Tinamer entreprend de rédiger le récit de son enfance, elle est sortie depuis longtemps de ce paradis : « Me voici donc renvoyée à ma vérité du moment, à ces vingt ans que je n'ai pas gagnés... » (p. 153), nous dit-elle. Léon et Etna, ses parents, sont morts depuis quelques années. Tout s'est passé comme si, au sortir de sa première enfance, Tinamer avait pris la mer sans se soucier le moins du monde de savoir à chaque moment du voyage où elle était rendue, trop insouciante pour relever quotidiennement sa position. Elle a quitté cette première

---

1. Le chiffre entre parenthèses indique la page de *l'Amélanchier* d'où est tirée la citation.

saison de sa vie sans un regret, sans un regard, sans une pensée pour ce qui avait été jusque-là le centre de son existence, happée en quelque sorte par le mauvais côté des choses, par un labyrinthe dont la voie s'est tout d'abord confondue avec celle de l'école. Voici comment elle exprime son passage du mauvais côté des choses :

« En revenant de cette expédition qui mettait fin à ma première enfance, je n'eus pas une pensée pour l'amélanchier — dont personne, d'ailleurs n'avait entendu parler —, pour les pissenlits et le loriot, pour mon domaine irremplaçable qui s'était abîmé, pour la petite bécasse, Monsieur Northrop et sa montre de lapin prétentieux, pour Messire Hubert Robson ... » (p. 122).

Faisant preuve d'une folle témérité, tout entière occupée par le fil de l'aventure qui la tire vers l'avant, Tinamer a quitté un port qu'elle a bientôt perdu de vue. Une quinzaine d'années ont ainsi coulé doucement, tout au plaisir de se laisser bercer : « Mes années d'insouciance ont coulé comme l'eau. L'arrière-goût m'en est venu plus tard » (p. 149), écrit-elle au début du chapitre douzième qui, avec le chapitre suivant, servent à décrire sa situation présente et à préciser le sens de son récit. On comprend pourquoi ces années d'insouciance laissent maintenant à Tinamer un arrière-goût désagréable : toute à la joie du voyage, elle ne s'est pas aperçu que peu à peu elle était en train de se perdre, que demain elle allait être complètement désorientée.

Certains événements extérieurs, comme la mort de ses parents, vont rompre le calme apparent et faire naître dans son esprit des questions : « Vous étiez partis. Je me suis rendu compte que j'étais aussi sortie de mes années d'insouciance » (p. 151). Au moment où elle entreprend son récit, Tinamer vient de comprendre qu'elle est seule et perdue dans un monde hostile et étranger. Petit Poucet imprévoyant, elle est égarée, cernée par l'obscurité. Ne s'étant pas souciée de faire le point chaque jour, de se situer par rapport au reste du monde, elle se retrouve maintenant enfermée à l'intérieur d'elle-même, prisonnière de son moi : « Maintenant c'en est fini. Je suis toute à moi, en moi, et je ne me vois plus. Je sens mes yeux, mais ces yeux ne me montrent que de vagues signes de ma présence. Est-on un piège pour soi-même, une prison, plus tard un cercueil ? » (p. 151). Tinamer se tient en captivité elle-même, s'étant fermée au monde extérieur et aventurée si loin de l'espace tutélaire qu'elle l'a oublié. Pendant ses années d'adolescence, elle a tout ramené à son moi, se constituant le centre du monde : « Je suis restée où j'étais, au milieu de tout, au cœur obscur de mes vingt ans, toute en moi et toute à moi. Je me comprends, je me possède, c'est pour cela que je me cache à moi-même devant le monde qui par moi recommence » (p. 161). Elle ne se rendait pas compte qu'en agissant ainsi elle se voilait à elle-même la signification de sa vie. Hors circuit, elle oubliait que sa vie n'avait de sens que située à l'intérieur d'un réseau, d'un système, d'un itinéraire, le sens de sa vie étant fonction de la place qu'elle occupait dans l'ensemble. Ainsi elle a perdu non seulement le sens de sa propre vie, mais aussi celui du monde, nouvelle Minerve « sortie toute armée du penser de son père » (p. 159). C'est pourquoi elle est maintenant au bord du désespoir, insouciante et indifférente à tout : « L'interrelation des deux, de ce tout et de ce rien, je la retrouve en moi, indécise, au bord de je ne sais quoi, dans l'attente de je ne sais qui, entre le goût de vivre et celui de mourir » (p. 156).

Le point de départ

Ainsi la Tinamer de vingt ans a le très net sentiment d'être perdue, « seule parmi les autres, unique et exposée sur la colline de son moi crucifiant … » (p. 161). Elle découvre d'un seul coup sa solitude et le danger qui la menace. La nécessité de retrouver son chemin s'impose dès lors à elle. C'est ici qu'intervient la notion d'orientation. Comment Tinamer, voyageuse imprudente qui n'a pas remarqué les mille détours de la route parcourue, maintenant seule au milieu de la vie immense comme la mer, plongée dans l'obscurité totale, peut-elle s'orienter, c'est-à-dire découvrir l'endroit précis où elle se trouve ? Il existe différentes méthodes d'orientation, mais il en est une que Jacques Ferron préfère : c'est l'orientation domocentrique dont il emprunte d'ailleurs la formulation, comme Tinamer l'indique (p. 154), à un ouvrage de Pierre Jaccard, intitulé *le Sens de l'orientation et de la direction chez l'homme*[2]. Pierre Jaccard y précise notamment deux méthodes

2. Paris, Payot, 1932, p. 233-245.

d'orientation : l'orientation egocentrique et l'orientation domocentrique. La première a pour centre de référence l'endroit où le sujet lui-même se trouve et est basée sur la notion des points cardinaux. La seconde a pour centre de référence le point de départ dont on garde une connaissance si précise que l'on ne peut pas se perdre. La conservation de la direction du point d'origine est ainsi assurée par un calcul constant des déviations effectuées en cours de route. C'est cette méthode d'orientation que, spontanément, Tinamer choisit. Sans cesse tirée vers l'avant par le fil de sa vie, elle fait, l'espace d'un court instant, le premier mouvement qui va lui faire retrouver son chemin : « Alors dans mes ténèbres intimes, j'ai eu l'impression d'être recouverte par l'ombre de l'arbre de la mort, malgré le fil de ma vie qui me tirait de l'avant, hors de moi — Oh ! oh ! Che naso brutto [3] ; alors j'ai eu peur, et, malgré le fil tendu je me suis retournée... » (p. 161). Elle nous avait d'ailleurs prévenus du sérieux de sa démarche dès la première page du livre, dans un passage que le lecteur a peut-être tendance à oublier :

« Mon enfance je décrirai pour le plaisir de me la rappeler, tel un conte devenu réalité, encore incertaine entre les deux. Je le ferai aussi pour mon orientement, étant donné que je dois vivre, que je suis déjà en dérive et que dans la vie comme dans le monde, on ne dispose que d'une étoile fixe, c'est le point d'origine, seul repère du voyageur. On est parti avec des buts imprécis, vers une destination aléatoire et changeante que le voyage lui-même se chargera d'arrêter. Ainsi l'on va, encore chanceux de savoir d'où l'on vient » (p. 9-10).

Toute la situation présente de Tinamer est résumée dans ces quelques lignes. Est tout d'abord amorcée la comparaison de la vie avec un voyage en mer, qui sera développée dans le récit, et qui explique, en lieu et place d'orientation, le choix du mot *orientement,* surtout utilisé en contexte maritime. Tinamer est donc en dérive et cherche à s'orienter pour pouvoir vivre le reste de vie qu'il lui reste à vivre. Elle n'a d'autre choix que de s'orienter par rapport au point de départ, ne pouvant le faire par

3. « Quel vilain nez ! »

le point d'arrivée qu'elle ignore. Ce passage capital est d'ailleurs complété par un autre, situé vers la fin du récit, qui renvoie au premier comme le premier annonçait le second, technique de composition sur laquelle nous reviendrons plus loin :

> « Le point de départ, qui devient, après le départ, le point de retour, est demeuré longtemps longtemps le seul point fixe au monde. Tous les contes ramenaient le voyageur chez lui, sauvaient l'enfant perdu et l'animal abandonné en leur faisant retrouver leur maison. Ce refuge derrière soi dans l'espace devient, transposé dans le temps, le principe de l'âge d'or. L'ère scientifique dota l'animal et l'homme dit primitif, c'est-à-dire non européen, encore moins wasp, d'un instinct infaillible de retour désigné sous le nom d'orientation domocentrique » (p. 154-155).

La notion de l'orientation est donc au cœur de l'entreprise de Tinamer. C'est aussi principalement cette notion qu'est chargée de mettre en lumière la présence de Monsieur Northrop dans le récit.

Monsieur Northrop

Ce vieil Anglais a comme principale caractéristique de savoir en tout temps et en tout lieu précisément où il se trouve. Il n'est jamais désorienté. À vrai dire, il utilise simultanément deux méthodes d'orientation. Il s'oriente tout d'abord par rapport à son point de départ, c'est-à-dire, comme Tinamer, en se rappelant son enfance. Tinamer imagine en effet « qu'il hantait le bois parce qu'il l'avait habité jadis, avant le friche, la fardoche et le repoussis, aux temps ensoleillés de son enfance, parmi les champs et les vergers, et qu'il venait réconforter les pommiers avec qui il aurait eu partie liée, même souffle, même vie » (p. 14-15). Ce qui n'est peut-être pas faux, puisque nous apprenons par ailleurs qu'il est l'ancien propriétaire de la terre sur laquelle se trouve le bois de Tinamer. Mais il semble surtout utiliser, pour s'orienter, sa montre-boussole, qu'il tire continuellement de sa poche et regarde avec satisfaction. Léon dit de cet homme qu'il n'a qu'un seul souci, « celui de garder le nord pendant la vie et même après la mort » — on s'explique alors son nom de Northrop — et « de ne jamais s'égarer sur terre, sur mer et dans le ciel, amen » (p. 17); Léon explique les agissements du vieil Anglais en ces termes :

> « Il tire la montre de la pochette de son gilet, en ouvre le boîtier et se souvient de tout, de son existence antérieure au pays des merveilles, de sa sortie du terrier, de la beauté des institutions britanniques, institutions auxquelles il a pu accéder grâce au fair play, complément du jeu des quatre coins et de la rédemption par les nègres du Colonel Jack, et il est content, content, content, au point qu'il reste là planté, figurant de ce bois enchanté » (p. 18).

Cet Anglais qui n'est plus jamais en retard parce qu'il est anglais et qu'il le sait, et qui n'est jamais perdu parce qu'ayant sans cesse à l'esprit la direction de son point de départ, qui est la Grande-Bretagne, où il compte d'ailleurs retourner dès que les arbres du bois seront assez hauts pour pouvoir être transformés en mâts, est bien le compagnon de ces garçons anglais, qui ont nom Will South, Alfred East, Timothy West et Henry North, qui jouent aux quatre coins avec beaucoup de sérieux et dont on dit que s'il leur arrive de rire, « c'est pour des raisons que les autres enfants ne comprennent pas, en rapport avec l'orientation » (p. 17). Cette notion est donc centrale dans *l'Amélanchier* et rapproche ce récit d'un genre bien spécial, celui du conte.

L'enfance et le conte

Ce rapprochement avec le conte, Tinamer elle-même le souligne dès la première page : « Mon enfance je décrirai pour le plaisir de me la rappeler, tel un conte devenu réalité, encore incertaine entre les deux » (p. 9). Les ressemblances avec le conte ne se limitent pas au simple plaisir d'avoir sous les yeux un texte où l'imagination laisse plus ou moins libre cours à sa fantaisie. Tinamer nous indique bien que la raison première de son récit n'est pas de divertir mais de servir à son orientation. Ainsi c'est surtout une homologie au niveau de la structure du récit qui rapproche *l'Amélanchier* de nombreux contes où il est question d'enfant perdu qui s'efforce de retrouver son chemin. L'histoire de Tinamer est toute semblable : perdue au milieu de la vie, notre héroïne n'a d'autre choix, pour savoir où elle est et donc qui elle est, de se tourner vers l'unique point dont elle est certaine : le point de départ.

Ce n'est que parce que nous baignons dans la tradition rationaliste que, par exemple, nous jugeons l'œuvre de Pascal comme sérieuse et regardons celle de Perrault comme amusante, avec bien sûr à l'esprit que ce qui est amusant ne peut être sérieux et *vice versa*. Ainsi, des générations de professeurs ergotent pendant des semestres entiers sur les *Pensées* et escamotent, comme une maladie honteuse, les *Contes de ma mère l'Oye*. De même Jacques Ferron a-t-il encore dans nos lettres la réputation d'un drôle, d'un plaisantin, d'un farceur, que l'on a plaisir à lire, même si l'on a la très nette impression de ne pas tout comprendre. Mais enfin, se dit-on pour apaiser ses doutes, il n'y a rien à comprendre chez quelqu'un qui se mêle d'écrire des contes — ce qui ne fait vraiment pas sérieux en 1973. Eh bien, je ne suis pas d'accord. Qu'y a-t-il en effet de plus sérieux que la notion d'orientation, qui est au centre de si nombreux contes — pensons au *Petit Poucet*. Existe-t-il une action de plus de conséquence dans la vie d'un homme que celle qui consiste à se situer par rapport au monde qui l'entoure, pour pouvoir ensuite donner un sens à sa vie ? En écrivant « Je le ferai aussi pour mon orientement... » (p. 9), Tinamer nous livre à la fois la raison fondamentale pour laquelle elle écrit et le sens profond de son récit. C'est en quelque sorte la fonction même de la littérature qui est précisée ici. En effet, loin d'être un exercice abstrait, détaché de la réalité, l'écriture s'inscrit dans le prolongement immédiat de la vie, ne faisant qu'une avec elle, et engage de cette façon la conduite future de la vie. Le récit que fait Tinamer n'a donc pas comme raison d'être ou comme but de divertir, mais au contraire de permettre à celle qui se soumet à cet exercice difficile de se retrouver après s'être perdue.

La place centrale qu'occupe la notion d'orientation entraîne la valorisation d'autres notions qui sont des espèces de corollaires de la première. Tinamer privilégiant l'orientation domocentrique, celle qui consiste à se situer par rapport au point de départ, l'enfance, et plus précisément la première enfance jusqu'à l'âge de six ans, prendra une très grande importance. Ces quelques années qui forment la première saison de la vie de Tinamer et qui sont associées à un lieu précis, qui est la maison natale et ses environs immédiats, constituent le point de départ de la vie de Tinamer, le village natal dont la voyageuse insouciante a perdu la direction pendant ses années d'adolescence. C'est ce qui explique que la plus grande partie du récit de Tinamer soit consacrée à cette période très courte de sa vie, mais néanmoins capitale. Notons à nouveau que l'enfance n'a de valeur spéciale que parce qu'elle constitue le point de départ nécessaire à l'orientation de la Tinamer de vingt ans. Ce long retour dans le passé, loin d'être pure complaisance en soi — Tinamer n'a rien de Narcisse — signifie plutôt la volonté de Tinamer de briser la prison dans laquelle elle se tenait elle-même captive. Le récit de son enfance n'est donc pas une fin en soi mais l'étape essentielle qui mènera Tinamer à la découverte de son identité personnelle et du sens à donner à sa vie.

Ainsi, grâce à ce retour dans le passé, à cette importance de l'enfance, nous sommes en présence de deux Tinamer. L'une, âgée de vingt ans, qui, perdue au milieu de la vie, essaye de s'orienter en se rappelant son enfance ; l'autre, âgée de quatre ou cinq ans, aux prises, elle aussi, avec des questions relatives à l'orientation. Ainsi la petite Tinamer n'ose pas se promener seule dans le bois situé derrière la maison familiale. Le long rêve que fait Tinamer, dans lequel elle aperçoit tour à tour Monsieur Northrop donnant la main à une petite fille blonde, Monsieur Pétroni, Messire Hubert Robson, ainsi qu'Etna et Léon, n'est rien d'autre qu'une aventure où elle doit retrouver le chemin qu'elle a perdu — ce qu'elle réussira. Elle décrit ainsi son état d'esprit du moment :

« Mon appréhension tenait au fait que par mon âge je n'étais pas de force à traverser la nuit et qu'en me retrouvant, le lendemain matin, dans les lieux inconnus, je risquais de ne pas me retrouver, devenue une petite fille sans nom et sans raison. Je devais me sauver à tout prix, retourner à la maison, dans les lieux familiers qui constituaient la mémoire extérieure par laquelle, chaque jour, je triomphais de la nuit et redevenais moi-même; mais comment faire dans le noir, sans repère, sans direction? » (p. 51-52).

La nécessité de l'orientation est aussi présente chez la Tinamer de vingt ans qu'elle l'était chez celle de cinq ans. Cela se comprend puisque l'orientation doit se faire constamment: le voyageur doit calculer à chaque détour sa déviation par rapport au point de départ.

Messire Hubert Robson

Ces deux notions de l'orientation et de l'enfance sont aussi au centre des aventures de Messire Hubert Robson que Tinamer rencontre dans le bois enchanté. Cet homme, mort en 1847, cherche depuis plus d'un siècle la petite Mary Mahon dans les forêts du Bas-Canada. Il a perdu sa route lorsque Tinamer le voit pour la première fois: « Un pauvre prêtre égaré me demanda: « Suis-je bien encore dans le Bas-Canada? » (p. 49-50). Cet homme absolu a « des yeux d'enfant, d'un bleu limpide et profond quand il souriait » (p. 103). Toute son existence avant et après sa mort a été occupée à rechercher, sans jamais désespérer de la retrouver, cette petite Mary Mahon dont, au moment de mourir, il a aperçu le « petit visage couvert de sueurs et de larmes, les yeux verts, les cheveux blonds » (p. 108). C'est cette fidélité indéfectible à l'enfance qui le caractérise, aux yeux de Tinamer:

> « Il continua, l'étrange prêtre, en homme amoureux des enfants mais qui ne sait pas leur parler. Je comprenais surtout que ce qu'il disait était beau. Il était mort, Mary Mahon n'avait plus cinq ans depuis un siècle et demi; néanmoins il continuait de battre tous les bois du Bas-Canada dans l'espoir de retrouver la petite fille blonde, aux yeux verts, qu'il n'avait fait qu'entrevoir dans les cantons des Bois-Francs » (p. 105-106).

Pour lui aussi la solution à la question de l'orientation viendra de l'enfance. En effet, tout à la fin du livre, nous le voyons une dernière fois. Il a fini d'errer dans les forêts du

Bas-Canada ; il a retrouvé celle qu'il cherchait, et qui n'est autre que la petite fille blonde que Tinamer avait aperçue au côté de Monsieur Northrop : « Monsieur Northrop tenait par la main une fillette aux cheveux blonds, aux yeux verts, le visage enfin séché de ses larmes et de ses sueurs ; elle souriait à Messire Hubert Robson, tombé à genou devant elle ... » (p. 162).

La mémoire

Il est évident, d'autre part, que l'orientation domocentrique est un phénomène de mémoire. Si, pour s'orienter, il faut avoir conservé la direction du point de départ, comment cette conservation est-elle possible sans l'exercice de la mémoire, à moins de faire de l'orientation un quelconque sens inné. Mais Jacques Ferron ne retient pas cette hypothèse, suivant en cela l'opinion de la plupart des scientifiques, comme l'indique Pierre Jaccard dans son ouvrage. C'est uniquement grâce à sa mémoire que Tinamer peut retrouver son point de départ, les années de sa première enfance. Ainsi tout n'est pas irrémédiablement perdu pour l'imprudente, à condition que sa mémoire réponde à l'appel au secours. La plus grande partie du récit, qui est un long retour dans le passé, est donc constituée par l'exercice que Tinamer fait de sa mémoire dans le but de retrouver le point de départ et de s'orienter. À la *linéarité* de sa vie présente d'adulte, symbolisée par le fil qui la tire sans cesse vers l'avant, la mémoire permet d'opposer un monde de l'enfance tout en profondeur, en relief, le passé apparaissant comme infiniment plus riche et complexe que le présent, et surtout offrant une multitude de points de repère dont le présent semble dépourvu.

Il ne fait aucun doute que l'influence proustienne se fait ici sentir. Elle ne se limite d'ailleurs pas à cet aspect, et nous en reparlerons plus loin. Contentons-nous de remarquer, pour l'instant, qu'à l'exemple du héros d'*À la recherche du temps perdu*, pour qui tout le passé oublié revit au contact d'un objet privilégié, tasse de thé, madeleine, pavé, serviette, la Tinamer de vingt ans identifie son enfance au bois enchanté et surtout au bel amélanchier qui y fleurit au printemps, comme autrefois, petite fille, sa mémoire intérieure avait commencé de s'éveiller à la vue du télescope de son père :

> « Mon cœur se serre sur le grand vide ; j'ai le pressentiment que tout n'est pas perdu de la veille au soir. À défaut de l'avoir dans la tête, ma mémoire commence à faire des petites vagues autour de moi, pour me dire qu'elle est là, pour me dire — Attends, je vais me souvenir. [...] »
> « À la vue de son instrument, me rappelant la mer des Tranquillités et le comté de Maskinongé, c'est plus fort que moi, je bats des mains » (p. 41-42).

De même que la Tinamer de vingt ans recourt à sa mémoire intérieure pour s'orienter au milieu de sa vie, ainsi la petite Tinamer a dû, autrefois, entraîner sa mémoire à faire le lien entre deux jours par-dessus le noir de la nuit. Pendant les trois ou quatre premières années de son existence, Tinamer s'en est remise à sa mémoire extérieure du soin de se réunir à elle-même à chaque nouveau jour.

Cette mémoire extérieure, qui est en quelque sorte le contraire de la mémoire véritable, était formée par l'univers familier de la chambre où Tinamer, s'éveillant chaque matin, reconnaissait les objets qui l'entouraient. Tinamer se trouvait en quelque sorte à être rattachée à elle-même sans qu'elle participe vraiment à l'entreprise. Situation précaire, puisqu'il suffirait que pendant la nuit disparaissent les objets familiers, pour que, brutalement arrachée à son milieu natal, Tinamer soit irrémédiablement perdue. C'est pourquoi la petite fille s'afflige de l'impuissance de sa mémoire à traverser la nuit, de son incapacité à se rappeler ce qui s'est passé la veille. Le samedi matin, qui sera pour elle décisif, elle se désole de n'avoir pas d'elle-même trouvé qu'aujourd'hui était samedi : « J'ai entendu le bruit de vaisselle mais n'en ai pas compté les morceaux, comme j'aurais pu le faire, de sorte que je ne me souviens pas qu'hier était un vendredi. Je ne veux rien entendre et je reste là, assise, à m'affliger de ma mémoire, si courte que d'elle-même elle ne traverse jamais la nuit, à penser que tout est à recommencer chaque matin et qu'à ce compte vivre n'est guère profitable » (p. 39). Aussi comprend-on maintenant qu'elle batte des mains en apercevant le télescope de Léon qui lui rappelle ce dont son père lui a parlé la veille. Elle célèbre la première manifestation de la naissance de sa mémoire intérieure.

Mais il est douteux que Tinamer eût pu parvenir par ses propres forces à vaincre l'impuissance de sa mémoire. Bien sûr, à la fin de son rêve, elle peut répondre à la question de son père qui lui demande si elle est allée loin : « Je lui réponds qu'en frôlant la lune j'ai été aussi loin que dans le comté de Maskinongé » (p. 62), réponse qui, par sa justesse, indique que Tinamer se souvient du rêve qu'elle vient de faire. Mais ce n'est vraiment qu'après avoir entendu son père lui faire le récit de la naissance de sa mémoire à lui, la nuit de l'incendie de l'église, que Tinamer prend pleinement conscience de sa mémoire intérieure. Avant cette nuit, Léon ne gardait pas le souvenir du jour précédent, s'en remettant, comme Tinamer, à sa mémoire extérieure. Comme Tinamer, triste à la pensée que chaque nuit passait l'éponge soigneusement (p. 38), Léon, enfant, songe qu'il vit sans profit « coincé entre les deux hautes murailles de la nuit » (p. 67). Mais le bruit et la lumière de l'incendie de l'église ont marqué l'effondrement du système de la nuit, la naissance de sa mémoire :

> « Mon père me prit sur ses genoux. L'illumination n'était pas au-dehors, mais au-dedans de moi-même. Mon petit théâtre intime et personnel commençait. Je me disais que pour la première fois de ma vie j'allais traverser la nuit et qu'à l'avenir elle ne s'interposerait plus entre ma conscience de la veille et ma conscience du lendemain, qu'enfin et pour toujours je me trouvais réuni à moi-même, capable de continuité par mes seuls moyens, indépendant de la topographie familière qui m'avait jusque-là servi de mémoire » (p. 70).

C'est immédiatement après ce passage, qui termine le récit de Léon, que Tinamer comprend la signification de la nuit blanche qu'elle vient de rêver. C'est donc un peu grâce à la mémoire de son père que Tinamer découvre la sienne propre. La chose est d'autant plus importante que Léon lui-même avoue avoir été aidé par sa mère dans la découverte de sa mémoire : « De cette impuissance qui m'étonnait, qui m'inquiétait sans doute autant car elle me donnait le sentiment de ma précarité, j'ai dû m'ouvrir à ma mère et ce serait par sa mémoire doublant encore la mienne de sa puissance tutélaire, même si elle est morte depuis longtemps, que je me souviens de ce jour unique de mon enfance toujours cernée par la nuit » (p. 67). Ainsi Léon aide Tinamer à se souvenir comme, en son temps, sa mère l'a aidé, chaque individu s'inscrivant à la suite d'une longue chaîne, et voyant en lui le monde entier recommencer. Les générations étant de la sorte liées les unes aux autres, la mémoire de chacun porte en elle celle de tous les hommes qui ont vécu depuis les origines du monde. Le plus grand malheur qui puisse arriver à un homme est d'être perdu, c'est-à-dire de n'être plus sous la protection des divinités familiales qui le rattachent aux origines du monde et l'empêchent d'être la proie des forces de la nuit. Ce que chaque homme doit accomplir dans le cadre modeste de sa vie, à savoir se rattacher par la mémoire à ce qui le précède, est le microcosme de l'itinéraire que doit suivre toute la collectivité humaine. Ainsi s'explique que Léon raconte à sa fille son enfance, l'histoire de la famille Ferron-de Portanqueu, se rattachant, grâce à la bible familiale, aux origines du monde. Ainsi s'explique aussi en partie, comme nous le développerons plus loin, l'utilisation que fait Ferron de toute l'histoire du monde, alliant notamment l'imagerie religieuse et mythologique, dans un livre qui repose sur la mémoire.

Qu'arrive-t-il à l'homme qui ne peut avoir recours à sa mémoire ? Les enfants aliénés sont là, prêts à nous donner la réponse. Léon, à qui Tinamer a demandé qui ils étaient, les définit comme « des enfants comme les autres qui ont oublié ce qu'ils étaient, mais qui, à la différence des autres, ne sauront plus jamais ce qu'ils ont été déjà » (p. 68). Ces enfants, à la différence de Tinamer, n'auront jamais de nuit blanche, de nuit d'illumination ; la nuit sera toujours pour eux « l'adhésif parfait », « le grand sommeil médicamenteux » (p. 140). Il en est ainsi parce qu'on les a arrachés soudainement aux lieux familiers de leur mémoire extérieure, les ballottant de la crèche à Saint-Jean-de-Dieu et finalement au Mont-Thabor. Un jour, avant d'avoir eu le temps de découvrir leur mémoire intérieure, ils se sont retrouvés dans un monde extérieur nouveau qui ne se souvenait pas d'eux, pas plus qu'eux ne reconnaissaient ces choses et ces objets étrangers :

« ... et ces victimes-là qui avaient été des enfants absolument normaux, vivant au jour le jour comme on le fait à cet âge, sans mémoire personnelle pour garder leur identité après la nuit, ne la retrouvant que par la pérennité du milieu, qui, brusquement arrachés à cette mémoire extérieure, avaient revu le jour dans l'horreur des lieux aseptiques, dans le désert et l'inconnu, en étaient restés frappés de stupeur à jamais » (p. 145-146).

Ces enfants aliénés sont l'exemple même d'êtres incapables de s'orienter. Le petit train « destination nowhere » (p. 132) qui les conduit d'un lieu aseptique à un autre est le symbole de leur destinée à la dérive.

Il n'est pas difficile de voir dans la vie des enfants aliénés la peinture critique de notre société urbaine et industrielle. Cette vie, partagée entre des journées employées à faire des travaux qui n'ont aucun sens et à prendre des repas en vitesse, et des soirées d'éponge-télévision que vient clore le sommeil abrutissant, a le tort d'être enfermée dans le présent. Le plus grand danger que nous fait courir la vie moderne est de nous couper de nos racines avec le passé. C'est là un thème cher à Ferron. Il ne faut cependant pas faire de lui un apologiste du passé pour le passé. Il n'y a pas chez lui de complaisance à se remémorer un passé considéré comme un âge d'or, même s'il est très attaché à la terre et à la civilisation proche de la terre, comme en témoigne ce passage où Léon prend plaisir à laisser couler entre ses doigts la terre noire du bois, « comme si cette terre eût été la substance la plus précieuse du monde, un principe de vie » (p. 100-101). Ce que reproche Jacques Ferron à la civilisation moderne c'est sa fragilité, dont la cause première est son manque d'enracinement dans le passé. Vienne une inondation et les maisons se mettront à flotter à la dérive, non retenues par ces ancres que sont les cimetières. Un paysage a besoin d'être humanisé, c'est-à-dire d'être habité, modelé par une longue suite de générations. Or le paysage urbain est en perpétuel changement. Une maison n'est pas construite qu'il est déjà temps de la démolir. Mais alors qu'allons-nous devenir, si nous détruisons constamment les lieux privilégiés de notre enfance ? Il nous arrivera ce qui est arrivé aux enfants aliénés, de nous réveiller un jour, avant d'avoir eu le temps d'exercer notre mémoire intérieure, dans un monde étranger, ayant démoli celui qui, par sa mémoire extérieure, aurait pu nous mettre sur la route du salut. Alors nous serons, nous aussi, irrémédiablement perdus.

L'identité

Si la mémoire rattache l'individu à toutes les générations d'hommes qui ont vécu avant lui, il n'en reste pas moins que, sur un plan plus restreint, le premier rôle de la mémoire est de permettre à l'individu de trouver son identité propre. Tous les principaux personnages de *l'Amélanchier* se définissent par la recherche de leur identité. Cette identité se conquiert de haute lutte, grâce à la mémoire, et consiste à se réunir à soi-même par-dessus la muraille de la nuit. Les enfants aliénés, parce qu'ils sont « sans mémoire personnelle pour garder leur identité après la nuit » (p. 145), ne seront jamais capables de se réunir à eux-mêmes. Toute leur vie sera formée de blocs, que sont les journées, sans fil les reliant les uns aux autres. Par contre, la découverte par un individu de son identité personnelle l'arrache aux forces de la nuit et lui apporte calme et sérénité. Monsieur Northrop regarde constamment sa montre-boussole avec satisfaction parce qu'elle lui rappelle qu'il est anglais. Comme le lui dit Tinamer, il est toujours content de l'heure « parce qu'à présent que vous êtes Anglais, jamais plus vous n'êtes en retard. Ça, c'est un fameux avancement. Autrefois vous craigniez sans cesse que la Duchesse ne vous fît couper la tête, souvenez-vous : pas moyen d'y échapper, disiez-vous, aussi vrai que deux et deux font quatre » (p. 90). Ainsi dans le cadre de sa vie, Monsieur Northrop a réussi à se réunir une fois pour toutes à lui-même, le jour où, de lapin, il est devenu anglais.

La nuit de l'incendie de l'église a joué pour Léon un rôle équivalent. Jusque-là, il s'en était remis à sa mémoire extérieure du soin de le réunir à lui-même, tant bien que mal, chaque matin. Mais cette nuit-là, pour la première fois, il n'a pas dormi, éveillé par le bruit des poutres qui brûlaient, ce qui lui a permis de « traverser la nuit sans perdre le fil de son identité » (p. 146). C'est enfin et surtout Tinamer elle-même qui illustre le mieux la découverte de cette notion d'identité, puisqu'elle livre le combat à deux reprises. Pendant les trois ou quatre premières années de sa vie, s'en remettant à sa mémoire extérieure, Tinamer n'était pas vraiment consciente de son identité personnelle et ne distinguait pas clairement ce qui la rendait unique. Le long rêve qu'elle fait, sa nuit blanche, la fera pour la première fois se réunir à elle-même par-dessus la nuit. On comprend que ce rêve occupe une place centrale dans le récit de son enfance : tournant décisif de cette première période de sa vie, il résume tout le sens de l'enfance, que Tinamer définit comme suit dans un passage capital :

« ... l'obscurité devint, perdant ses proportions domestiques, immense et redoutable ; je craignis, à l'instar de Mary Mahon, d'être perdue et peut-être à jamais. Les adultes, vilains comédiens jouant toujours le même rôle, ne comprennent pas que l'enfance est avant tout une aventure intellectuelle où seules importent la conquête et la sauvegarde de l'identité, que celle-ci reste longtemps précaire et que, tout bien considéré, cette aventure est la plus dramatique de l'existence. Les cabotins l'ont oublié et font des livres stupides pour avantager le petit rôle de leur minable personnage » (p. 51).

Tinamer ne mâche pas ses mots. Il ne faut donc pas se surprendre que le récit de son enfance tourne autour de notions très sérieuses, comme celles de l'orientation et de l'identité. Certes, par certains côtés, le récit est charmant et léger ; mais, pour qui sait bien lire, le sens de l'aventure que vivent les personnages est toujours sérieux. Comme Tinamer le mentionne (p. 9), elle ne se rappelle pas son enfance pour le simple plaisir de se la rappeler mais aussi pour son orientation. Tout se passe comme si la Tinamer de vingt ans se retrouvait aujourd'hui dans la position où elle s'est trouvée enfant. Elle doit, comme autrefois, se rattacher à elle-même par-dessus l'obscurité des nombreuses années d'insouciance qui s'interposent aujourd'hui entre sa situation présente et sa première enfance. Le récit qu'elle fait de son enfance, assimilable à un conte, est l'équivalent du rêve qu'elle a fait autrefois et de la nuit de l'incendie de l'église. Il va lui permettre, par l'exercice de la mémoire qu'il implique, de se rattacher à la partie d'elle-même qu'elle a oubliée, de réunir le fil de sa vie, de redécouvrir son identité.

Salut et communauté

Mais, en dernier ressort, la nécessité de l'orientation domocentrique, l'exercice de la mémoire et la réunification de soi-même dans l'identité conquise, ne prennent tout leur sens que dans la perspective du salut, notion centrale de *l'Amélanchier*, comme de toute l'œuvre de Ferron. La recherche du salut est la toile de fond de l'itinéraire que parcourt chacun des personnages. Ce salut, cette autorédemption, cette libération définitive, sont réalisables et réalisés. Léon et Tinamer réussissent en effet à se sauver eux-mêmes. Léon, lors de la nuit de l'incendie de l'église, nuit qu'il traverse éveillé pour la première fois, prend en charge, par sa mémoire, l'unification du fil de sa vie. Il conclut le récit de cette nuit mémorable par ces mots révélateurs : « Je venais tout simplement d'entrevoir la possibilité de me libérer de mes parents » (p. 70). Tinamer est confrontée avec la même question très grave dans son rêve, au moment où elle se réveille dans des lieux inconnus, cernée par l'obscurité. Elle comprend le péril qu'elle court et dit : « Je devais me sauver à tout prix... » (p. 51). Ce qu'elle réussira puisqu'elle retrouvera son chemin. C'est pourquoi le récit de Léon terminé, elle met en parallèle le rêve qu'elle a fait et la nuit de l'incendie de l'église de son père :

> « En écoutant Léon parler ainsi, je me demandais si la nuit que j'avais rêvée, autrement plus spectaculaire que son incendie d'église, n'était pas l'équivalent de la sienne. Chose certaine je n'étais pas loin de me réunir à moi-même et de me libérer d'autant de lui et de ma mère Etna... » (p. 71).

La ressemblance, non seulement dans le récit des nuits blanches des deux personnages, mais aussi dans la formulation même de la conclusion à leur récit, nous indique une deuxième dimension à cette notion du salut. Certes, il appartient à l'individu de prendre en charge lui-même la réalisation de son propre salut. Mais il peut aussi compter sur l'aide des autres, sur ce que Léon appelle « la protection des divinités familiales » (p. 69), véritables puissances tutélaires qui aident l'individu dans son combat contre les forces qui veulent sa perdition. S'établit ainsi une sorte de communauté entre les hommes. L'individu isolé est voué à sa perte. S'il se rachète lui-même c'est finalement parce qu'il a fait appel à toute la communauté humaine. On comprend dès lors les responsabilités qui incombent à celui qui, se réunissant à lui-même, s'est libéré, s'est sauvé. Il lui faut, parce qu'en lui le monde recommence, se tourner vers les autres, et surtout vers les plus démunis d'entre eux, les plus en danger, les enfants.

Si Léon va chaque jour travailler du mauvais côté des choses, c'est pour empêcher que les forces mauvaises ne capturent Tinamer : « C'était pour aller gagner de l'argent, pour me sauver, moi, la prunelle de sa vie, son petit phare, son bel amélanchier, moi, Tinamer, la reine de Saba du bon côté des choses, pour sauver aussi Bélial, Bouboule, Jaunée et Thibeau qu'il s'absentait ainsi » (p. 31). C'est pour la même raison qu'au Mont-Thabor, où il est gardien, il a relancé le bon et le mauvais côté des choses et fabriqué les deux clés du ciel et de l'enfer « pour le salut du plus faible et la perte des plus forts » (p. 143). De même Tinamer qui, après s'être sauvée enfant et se sauvant à nouveau, par son récit, de ses années d'insouciance, songe à suivre l'exemple de son père et à consacrer sa vie à réconforter les enfants aliénés : « J'étudie la psycho-pédagogie. Digne fille de celui qui ne fut qu'un geôlier déclamatoire, il se peut fort qu'un jour je rejoigne après lui le Mont-Thabor, au-delà du quartier Hochelaga, au fin bout, à la pénouille du mauvais côté des choses » (p. 154). Mais c'est surtout en écrivant qu'elle va le plus aider les autres hommes à trouver leur salut, assez semblable en cela à Léon dont Etna dit qu'« il ne croit plus beaucoup en Dieu mais il y croit encore un peu, juste assez pour penser que le monde peut être encore sauvé » (p. 125). Le salut est une affaire d'hommes. Tinamer, en rédigeant le récit de sa première enfance, qui est celui de sa victoire sur les ténèbres, veut produire sur nous la même impression que le récit de la nuit blanche de son père a produit sur elle, c'est-à-dire nous faire prendre conscience que l'expérience que nous venons de vivre, en lisant ce récit, peut nous apporter à nous, comme à elle qui l'a composé, la libération et le salut. Si Tinamer écrit pour son orientation, c'est aussi pour la nôtre, n'en doutons pas.

Après ce tour d'horizon des notions importantes de *l'Amélanchier*, à partir desquelles tout le récit se développe, nous sommes maintenant prêts à commencer l'étude des techniques de représentation, de composition, d'expression, utilisées par l'auteur. Car, si *l'Amélanchier* est un roman remarquable, ce n'est pas parce que

Jacques Ferron y parle d'orientation, d'enfance, de mémoire, d'identité, de salut. La chose serait trop facile. Il suffirait de tourner quelques pages autour de quelques grandes idées vieilles comme le monde pour écrire son petit chef-d'œuvre. Or si tout a été dit, il n'est jamais trop tard pour dire les choses à sa façon. L'art — et la littérature est un art — est l'invention de formes nouvelles qui signifient les idées de toujours. Bref, Jacques Ferron n'a rien inventé sur le plan des idées. Je ne lui en fais d'ailleurs pas grief. Je lui suis cependant fort reconnaissant d'avoir renouvelé la forme du récit. Ses différents écrits ont un air de parenté qui font que je ne les confonds avec ceux d'aucun autre écrivain. Voilà ce qui m'intéresse le plus chez lui. Je vais donc tenter, dans la suite de cette analyse, de montrer comment la forme que Jacques Ferron a donnée à son récit correspond parfaitement aux notions dont nous avons parlé, comment la structure de l'espace, du temps, du récit, signifient de façon remarquablement cohérente les notions d'orientation, de mémoire, d'identité et de salut, c'est-à-dire comment la structure de *l'Amélanchier* est une structure significative.

chapitre 2

La perspective narrative

J'entends par perspective narrative le point de vue par lequel nous est présenté le récit. Si Jacques Ferron ne se veut pas un virtuose de cette technique — il n'a manifestement aucun goût pour les numéros d'équilibriste — il sait cependant l'utiliser avec beaucoup d'art.

Les modalités du je

Une première constatation s'impose : *l'A-mélanchier* est écrit par un je, qui s'identifie dès la première phrase du récit : « Je me nomme Tinamer de Portanqueu » (p. 9). Or, pour qui connaît un peu l'œuvre de Jacques Ferron, le choix de ce je comme narrateur n'a pas été fait à la légère et a, dans l'esprit de l'auteur, une valeur significative certaine. Jacques Ferron n'est pas homme à employer une personne grammaticale sans raison ; pour lui, le je, le tu, le il, le vous, ont chacun leur valeur propre. Dans un roman comme *l'Amélanchier*, qui repose sur les notions d'orientation, de mémoire, d'identité, le choix du je est très significatif. Si le récit nous fait assister à une sorte d'autorédemption, à une conquête, par le personnage lui-même, de son identité personnelle et de sa mémoire intérieure, le je, qui est l'affirmation par excellence de cette identité, s'impose de façon toute naturelle. Il aurait été presque contradictoire d'utiliser la troisième personne, le il, qui refuse au personnage ainsi désigné le droit à une existence autonome, libre, le plaçant entre les mains d'un narrateur qui en use à son gré. Que Tinamer utilise d'entrée de jeu le je, dans ce récit de sa première enfance qu'elle rédige pour son orientation, indique que la partie est bien engagée et qu'il y a de fortes chances que Tinamer en sorte victorieuse. Tinamer ne sera pas le jouet d'un auteur omniscient. Elle prend en charge le récit de son enfance comme elle prend en charge, dans sa vie, son orientation. En fait, l'auteur, Jacques Ferron, est pratiquement absent. Il ne signale jamais sa présence de façon directe; tout au plus peut-on la déceler indirectement dans l'histoire des de Portanqueu, qui s'appelaient autrefois Ferron, par certains éléments qui se rattachent à sa biographie, la description de Longueuil par exemple, où il demeure, par l'organisation du récit surtout. Ferron préfère laisser tout le profit du je à Tinamer.

La nature de ce je est cependant complexe. Tinamer se présente en effet à nous dans sa double personnalité de narratrice et d'héroïne, division qui recoupe en partie celle opérée par le temps qui sépare la Tinamer enfant de la Tinamer de vingt ans. À son tour cette Tinamer adulte jouit d'un double point de vue: omniscient par rapport aux faits passés qu'elle raconte, et à la commande du récit, en situation, par rapport à sa vie présente.

Précisons tout d'abord les différents modes d'interventions de la narratrice omnisciente. Dans la mesure où, au moment où elle écrit, Tinamer a vingt ans et jouit donc du recul d'une quinzaine d'années par rapport à sa première enfance dont elle s'est donné le récit pour sujet, elle occupe un poste d'observation privilégié, dominant toute cette époque révolue et les personnages, dont elle-même enfant, qui y ont vécu. Ce point de vue omniscient apparaît dès le premier paragraphe, dans l'emploi du temps passé: « Mon enfance fut fantasque mais sédentaire... » (p. 9). Tous les faits se rapportant à l'enfance et à l'adolescence de Tinamer sont bel et bien passés. Tinamer est ainsi en mesure de comprendre et d'expliquer ce qu'enfant elle ne pouvait soupçonner. Il n'est pas rare de rencontrer des phrases où elle marque elle-même le décalage. En voici deux: « ... aéré, bavard et enchanté, il le demeura aussi longtemps que j'ignorai ses limites et les miennes » (p. 10), où le futur, qui est cependant passé par rapport au moment où Tinamer écrit, indique une connaissance postérieure au temps de l'action. Le second exemple est encore plus clair : « Ce domaine, supposément le nôtre, appartenait à Monsieur Pétroni, je le sais aujourd'hui » (p. 21).

En d'autres occasions, pour être moins directe, la présence de Tinamer adulte n'en est pas moins tout aussi évidente. La description de Longueuil (p. 20-21), ne serait-ce que par la vision d'ensemble, est évidemment faite par la jeune femme de vingt ans ; c'est aussi elle qui analyse, après coup, les relations d'Etna et de Léon et ses réactions d'enfant à l'égard de ses parents. Elle commente ainsi souvent les événements. Aujourd'hui elle comprend son attachement à sa mère : « Etna me caressait la joue, la tempe, réconfortée par mon amour, ne comprenant pas que je l'aimais surtout d'être une mère effacée, une femme à laquelle je m'étais habituée, une rivale dont je disposais à mon gré, que je ne craignais plus, tandis qu'avec une autre... » (p. 34). C'est aussi à cette Tinamer que nous devons des jugements généraux sur la vie, l'orientation domocentrique, ou celui-ci, sur l'enfance, inséré au milieu du récit de son rêve : « Les adultes, vilains comédiens jouant toujours le même rôle, ne comprennent pas que l'enfance est avant tout une aventure intellectuelle où seules importent la conquête et la sauvegarde de l'identité... » (p. 51). Bref, le recul dans le temps, dont jouit Tinamer, l'intervalle entre le moment où l'action a été vécue et où elle est rapportée, se manifestent tout au long du roman.

Cette narratrice omnisciente intervient aussi à deux autres titres : comme maîtresse et organisatrice du récit et comme écrivain réfléchissant sur le rôle de la littérature. Dès le début du récit, Tinamer maîtrise le temps avec facilité, jouant avec le passé, le présent et le futur. Il lui arrive cependant d'avouer ne pas avoir organisé le récit comme elle l'aurait voulu. Ainsi elle s'aperçoit qu'elle a oublié de parler du travail de son père : « Cela devait arriver, oui mais, tenant en main le fil du temps, rien ne me pressait d'y arriver ; au contraire, la composition de ce livre, l'art du récit me commandaient plutôt de différer ce détachement jusqu'aux dernières pages, puisque c'est lui qui clôt la première saison de ma vie, dont je m'étais donnée les années pour sujet. On n'écrit pas toujours comme on voudrait. J'ai tout précipité » (p. 127). En dépit de cet aveu, Tinamer n'en organise pas moins le récit à sa guise dans sa plus grande partie, semblable en cela au narrateur inconnu de la bible des de Portanqueu qui dit : « Un tel récit, qui ne fait que rapporter les paroles des deux frères, tient du théâtre et peut durer longtemps si le conteur est bon comédien... » (p. 81). C'est elle qui a choisi d'intégrer à son récit les ouvrages et les œuvres littéraires dont elle nous donne d'ailleurs les titres (p. 154–156). Elle réfléchit enfin sur la façon avec laquelle elle a construit son récit en vue de lui donner une signification précise. Dialoguant en quelque sorte avec elle-même, elle dévoile tout ce qu'il y a de machination dans son projet :

« — Et ton récit ?

— Convention, mensonge ! Depuis quand, ma chère, les enfants de cinq ans (qui en ont en réalité vingt) écrivent-ils leurs mémoires ?

— Depuis toujours, Tinamer. Convention, mensonge, bien sûr, mais c'est aussi ce qu'on appelle l'art d'écrire... » (p. 152).

Nous aurons l'occasion de revenir sur la signification de la structure du récit. Contentons-nous de noter ici à quel point Tinamer en est l'organisatrice.

Tinamer intervient enfin en tant qu'écrivain en précisant sa conception de la littérature. Nous avons déjà vu, à propos de la notion d'orientation, l'importance à ses yeux de cet exercice qu'est l'écriture. Elle déclare écrire pour son « orientement », qui est la chose la plus sérieuse de l'existence. Écrire n'est donc pas un divertissement anodin, n'ayant que des rapports très lointains avec la réalité et la situation présentes de celui qui écrit. L'écrit et le vécu ne sont pas dissociés. L'écrit colle au vécu, agit sur lui, le transforme. C'est dans ce sens qu'il faut comprendre le passage qui termine la lecture, par Léon, de la bible des de Portanqueu : « Ce fut ainsi que les Ferron, en plus de semer le blé français et le sarrazin, se firent fabuleux pour donner regain à un vieil héritage, relancer le conte et la chanson qui font partie des nécessités de la vie » (p. 82). Écrire n'est donc pas une réflexion *a posteriori*, vidée en quelque sorte de toute vie, mais plutôt une activité intimement liée au moment présent de l'écrivain. Cette fusion du temps réel et présent et du temps « mémoriel » et romanesque, qui n'atteint cependant pas chez Jacques Ferron la complexité qu'elle a chez d'autres — ne fait-il pas dire avec beaucoup de justesse à Tinamer qu'« il est agréable d'écrire en autant que la fabrication ne l'emporte pas sur la bonne foi » (p. 152) —, nous allons maintenant l'étudier plus en détail, en montrant comment la même Tinamer qui domine le récit est elle-même en situation.

Cette mise en situation du narrateur qu'atteint, à l'instant même où il l'écrit, le récit, et qui agit sur lui, est en effet tout aussi présente dans *l'Amélanchier* que le point de vue omniscient dont nous venons de parler. Ce contrepoint du passé et du présent commence d'ailleurs dès les premières lignes : « Mon enfance fut fantasque mais sédentaire de sorte qu'elle subsiste autant par ma mémoire que par la topographie des lieux où je l'ai passée, en moi et hors de moi. Je ne saurais me dissocier de ces lieux sans perdre une part de moi-même. « Ah ! disait mon père ... » (p. 9). Les deux verbes « subsiste » et « saurais » témoignent bien du fait que l'action se passe aussi bien au présent et au futur qu'au passé. Tinamer nous rappellera souvent que les événements qu'elle raconte la touchent et l'influencent dans son présent. Dans le long chapitre qu'elle consacre à Jean-Louis Maurice, elle s'arrête pour nous dire que « son ombre s'étend jusqu'à moi, son ombre d'où sortent ses deux mains lumineuses » (p. 137). Mais c'est surtout en rapport avec la notion d'orientation que la situation « en acte » de Tinamer éclate. Elle présente en effet, tout au début du livre, son récit comme à faire, non comme déjà fait. Elle utilise d'ailleurs le futur : « Mon enfance je décrirai pour le plaisir de me la rappeler, tel un conte devenu réalité, encore incertaine entre les deux. Je le ferai aussi pour mon orientement, étant donné que je dois vivre ... » (p. 9). Ce projet de Tinamer est non seulement à faire, du moins au moment où elle écrit ces lignes, mais encore, bien qu'il consiste en un rappel du passé, est-il tourné vers l'avenir, dans la mesure où l'évocation de l'enfance n'a de sens que comme étape essentielle dans l'orientation de toute sa vie future. Ce rappel de l'enfance n'est pas fait pour lui-même, par quelque individu abstrait. Nous connaissons la situation spatio-temporelle de Tinamer et nous savons que c'est de la prison de ses vingt ans, et précisément pour briser les barreaux de cette prison, qu'elle se tourne vers son passé. Cet « état d'aventure » de Tinamer ne peut être plus clairement exprimé qu'au moment où, revoyant une dernière fois le bois enchanté et les personnages qui le hantent, elle s'écrie :

« Alors dans mes ténèbres intimes, j'ai eu l'impression d'être recouverte par l'ombre de l'arbre de la mort, malgré le fil de ma vie qui me tirait de l'avant, hors de moi — Oh ! oh ! Che naso brutto ; alors j'ai eu peur, et, malgré le fil tendu je me suis retournée ... »

« [...] Tout le paradis de mon enfance dans l'espace d'un instant, le paradis déjà perdu. Je ne pouvais pas rester ainsi, retournée en arrière, quand le fil de la vie, déjà tendu, se raidissait à m'en faire mal pour me ramener de l'avant » (p. 161-162).

Ainsi tout le récit que nous venons de lire est l'affaire d'un instant lumineux, pendant lequel, en même temps qu'elle est tirée vers l'avant, Tinamer se retourne et, en un éclair, aperçoit une dernière fois son enfance. C'est donc dire que l'évocation du passé est faite à partir d'un point d'observation mobile. Tinamer devra, le restant de sa vie, tenir le ciel comme la petite bécasse, en prenant bien soin de toujours garder présente à son esprit la direction de son point de départ, l'espace tutélaire de son enfance, dont Jean-Louis Maurice lui interdit désormais l'entrée.

Nous nous sommes attardés jusqu'à maintenant à la jeune fille de vingt ans, à la fois narratrice et héroïne, dans la mesure où elle domine une matière passée dont le récit doit servir à son orientation présente et future. Mais la Tinamer que nous rencontrons est aussi l'enfant de cinq ans à travers le regard de qui la réalité et les hommes nous sont souvent présentés. La narratrice qui évoque son enfance limite souvent son point de vue à celui de l'enfant de cinq ans qu'elle était alors. Ainsi les choses nous apparaissent telles que vues et interprétées par un enfant. La description du bois enchanté (p. 10-13) nous en fournit un bel exemple. Les arbres qui s'y trouvent sont affublés d'épithètes accolées d'habitude aux humains, tels le frêne discret et l'amélanchier désinvolte et moqueur ; ces arbres, doués de sentiments, parlent aux hommes comme à des égaux, pour ne pas dire des inférieurs. La réalité, du moins ce que les adultes tiennent pour tel, est systématiquement prise à contre-pied. Et de fait c'est bien cette absence de frontière entre les règnes végétal et animal qui caractérise la vision enfantine de la réalité, du moins jusqu'au moment où la raison vient tout stériliser. De même, le rêve et la réalité s'interpénètrent constamment ; rien de plus facile que de faire de Monsieur Northrop un ancien lapin, par exemple. D'autre part, le récit dans son ensemble progresse au rythme de la petite Tinamer. Nous ignorons en même temps qu'elle ce qu'elle ignore. Lorsqu'elle commence à rêver (p. 45), nous ignorons, comme elle, qu'il s'agit d'un rêve. Ce n'est qu'à son réveil, lorsqu'elle s'interroge — « Me serais-je endormie au début de mon rêve, au moment où Monsieur Northrop et la petite fille aux cheveux blonds me sont apparus à l'orée du bois ? » (p. 62) — que nous comprenons que la vingtaine de pages que nous venons de lire se sont déroulées dans les quelques minutes qu'a duré son rêve. De même nous vivons les péripéties de ce rêve à ses côtés, perdus avec elle au milieu de la nuit dans des lieux étrangers et essayant de retrouver notre chemin. En somme, si la narratrice adulte domine le récit et les personnages, il existe de nombreux passages où le point de vue est celui de l'enfance et où nous ne comprenons le sens du récit qu'à mesure que la petite Tinamer le comprend.

Cet éclatement du je, de l'individu, de Tinamer à la fois narratrice et héroïne, omnisciente et en situation, ne manque pas d'intérêt dans un roman dont la notion d'orientation domocentrique forme le nœud. On découvre peu à peu comment Ferron identifie la solitude présente de Tinamer, enfermée dans son moi et tirée vers l'avant par le fil de sa vie, à l'idée de *linéarité*, à quoi il oppose l'idée de profondeur, de relief, contenue dans le retour vers le point de départ. Prisonnier dans l'unité de son moi, l'individu est perdu. Il lui faut briser cette unité paralysante pour découvrir qu'il n'est pas unique mais qu'en lui vivent tous les hommes depuis les origines. Le monde recommence en chaque homme qui se rattache ainsi par son enfance, par ses parents, par sa famille, par son pays, à tout l'univers. C'est pourquoi l'orientation de Tinamer ne pouvait se faire que par la prise de conscience de sa multiplicité.

Les deux niveaux de sens

Cet éclatement de l'individu, dont nous reparlerons, a des conséquences très importantes sur le récit quand cet individu est en même temps, comme Tinamer, narrateur. Nous étudierons en temps et lieu la structure du récit, mais il convient de noter ici comment, aux deux points de vue de

Tinamer adulte et enfant, répondent deux niveaux de sens dans le récit. Ces deux niveaux, le point de vue de l'âge adulte et celui de l'enfance sur la réalité, ne s'excluent pas l'un l'autre ; tout au long du récit, ils sont simplement placés l'un à côté de l'autre. Pour chaque fait rapporté, deux interprétations se présentent à nous : l'une réaliste, l'autre où joue le merveilleux. La description du bois de Tinamer peut se comprendre de deux façons. Au premier abord, on comprend qu'il s'agit d'un petit bois situé derrière une petite maison de banlieue, comme il en existe tant, et qu'avec les années, d'autres maisons se construisent, ce qui a pour effet de rapetisser le bois jusqu'à sa disparition complète. Dans ce bois, où se croisent des sentiers, et où poussent plusieurs variétés d'arbres, il est très possible de rencontrer des promeneurs solitaires, comme Monsieur Northrop ou le signor Pétroni. C'est dans ce bois que Léon aime se promener avec sa petite fille. Il n'y a là rien d'extraordinaire ni de merveilleux. Cependant si l'on regarde le même bois avec les yeux de la petite enfant qu'était Tinamer à l'époque, la plate réalité s'anime. Les arbres ne sont plus des choses inanimées mais des êtres vivants capables de parler, d'éprouver des émotions, doués d'une personnalité propre. Les animaux deviennent les frères des hommes ; les actions des hommes eux-mêmes, même les plus banales, sont investies par le merveilleux. Monsieur Pétroni se promène-t-il dans le bois, il devient pèlerin avec son bâton magique ; Monsieur Northrop est un ancien lapin, même si on apprend par ailleurs qu'il est l'ex-propriétaire de la terre sur laquelle se trouve le bois et, qu'en conséquence, sa présence à cet endroit est tout à fait plausible. Bref, ce bois comme les autres est aussi un bois enchanté où se produisent des choses étranges.

Les exemples de la mise en parallèle de ces deux niveaux de sens dans la partie du récit qui concerne la première enfance de Tinamer sont très nombreux. Je n'ai relevé qu'un seul exemple où l'auteur ne se soucie pas de donner une contrepartie réaliste à un fait rapporté, et c'est le récit de la seconde rencontre de Tinamer et d'Hubert Robson dans le bois situé derrière la maison. Tinamer avait parlé une première fois à ce prêtre, mort depuis plus d'un siècle, dans son rêve, les deux niveaux étant de la sorte sauvegardés. Mais, lors de leur deuxième rencontre (p. 103–109), rien ne nous indique qu'il s'agit d'un rêve ; tout, au contraire, nous incline à croire que

Tinamer rencontre effectivement ce prêtre en se promenant dans le bois derrière la maison. Rêve et réalité, temps et espace sont ici confondus. Mais, dans la plupart des cas, l'auteur prend soin de nous présenter, simultanément ou par étapes, les points de vue de l'enfance et de l'âge adulte. Ce faisant, le récit ainsi éclaté acquiert une profondeur qui s'oppose au déroulement linéaire, logique et chronologique de l'âge adulte. Le point de vue de l'enfance donne le relief qui lui manquait à la vision du monde de l'âge adulte.

Autres narrateurs

Si nous n'avons parlé jusqu'ici que de Tinamer, comme narratrice, c'est parce qu'elle est la plus importante. Elle n'est cependant pas la seule à jouer ce rôle, n'hésitant pas, en plusieurs occasions, à céder la commande du récit à d'autres personnages. La multiplicité des points de vue, que nous avons déjà remarquée chez Tinamer, trouve son plein épanouissement lorsque, tour à tour, prennent la parole, Léon, Hubert Robson, le narrateur inconnu de la bible des de Portanqueu, et les nombreux médecins, psychiatres et psychologues qui ont constitué le dossier de Jean-Louis Maurice, numéroté 1449.

Voyons tout d'abord le cas de Léon, qui est le plus intéressant. L'importance du point de vue de Léon saute aux yeux si l'on se rappelle qu'il a dit un jour à Etna que « si un père n'est plus capable de présenter le monde à son enfant comme l'expression de sa volonté, c'est bien simple, il ne faut plus faire d'enfants » (p. 99-100). Cela est si vrai, dans l'Amélanchier, que le point de vue de la petite Tinamer est dans une très large mesure celui de son père : c'est lui qui a partagé le monde en bon et mauvais côté des choses et qui affirme à sa fille que Northrop a eu une existence antérieure de lapin. Le point de vue du Léon conteur et fabulateur informe en quelque sorte celui de Tinamer enfant. Mais l'importance du point de vue de Léon ne se limite pas à cette intervention indirecte, puisque à deux reprises au moins il joue le rôle du narrateur principal. La première fois, la plus spectaculaire, se situe au chapitre sixième, lorsqu'il fait à

Tinamer le récit de la nuit de l'incendie de l'église où, pour la première fois, il s'est réuni à lui-même et a traversé la nuit. Il est à remarquer que, pendant toute la première partie du récit, qui correspond aux années précédant cette nuit d'illumination, Léon parle de lui en utilisant la troisième personne du singulier : « Quand j'avais ton âge, Tinamer, il y avait, dans le comté de Maskinongé, un petit garçon qui te ressemblait beaucoup. Comme il vivait surtout dans la compagnie des femmes, il ne pensait pas à imiter son père ... » (p. 63-64-65). Ce n'est qu'au moment de parler de cette nuit qu'il passe soudainement du il au je : « Des bruits sourds et crépitants m'avaient éveillé au milieu de la nuit. Je devais avoir quatre ou cinq ans. C'est le premier de mes souvenirs nocturnes ; il m'a fait grande impression » (p. 65). Le passage de la troisième à la première personne coïncide avec la naissance de la mémoire de Léon et la conquête de son identité, comme l'utilisation du je par Tinamer témoigne du fait, qu'en rédigeant le récit de sa première enfance, c'est-à-dire en s'orientant par rapport à son point de départ, elle se réunit à elle-même et retrouve son identité perdue dans un acte d'auto-rédemption. C'est aussi à Léon que nous devons les vers (p. 83-84) dans lesquels il nous décrit le comté de Maskinongé, le pays de son enfance. Ainsi au conteur succède un autre conteur, et le conte engendre en son sein un autre conte.

À son tour Léon cédera la parole au narrateur anonyme de la bible des de Portanqueu. On peut supposer plusieurs identités à ce narrateur. Il peut s'agir de Léon lui-même, qui a ainsi écrit son conte comme Tinamer est en train d'écrire le sien maintenant, ou d'un ancêtre inconnu, ou de plusieurs ancêtres qui auraient complété à tour de rôle le récit. Peut-être aussi peut-on deviner dans ce narrateur l'auteur, Jacques Ferron lui-même, d'autant plus que c'est à ce moment que nous apprenons que les de Portanqueu se sont longtemps appelés Ferron, qu'en somme les de Portanqueu sont des Ferron vantards : « C'est là que commence l'histoire des de Portanqueu. Longtemps ils n'en menèrent pas large. Ils s'appelaient Ferron » (p. 77). De toute façon, c'est certainement à ce moment du récit que la présence de l'auteur se fait le plus sentir.

Bien que la chose soit moins probable dans son cas, parce que présentée sous forme de dialogue, Hubert Robson n'en prend pas moins charge à son tour du récit, lorsqu'il raconte son histoire et celle de Mary Mahon à Tinamer (p. 104–108), passage que Tinamer conclut par ces mots : « Messire Hubert Robson avait terminé son récit, je me taisais » (p. 108).

Tous ces personnages se transforment momentanément en narrateurs parce qu'ils ont pris en charge leur salut, leur orientation. Dans cette optique il est symbolique que les personnages aliénés se voient refuser le droit à commander le récit, le droit à dire je. Ainsi en est-il d'Etna, confinée dans son rôle de servante à la cuisine, et surtout des enfants aliénés et notamment Jean-Louis Maurice, incapable de raconter lui-même sa propre histoire, que racontent pour lui, et surtout contre lui, la mafia des diplômés, qu'ils soient médecin (le docteur Loignon), psychiatre, neurologue à Sainte-Justine, ou psychologue. Il semble donc que l'utilisation de la première personne du singulier est le signe que, chez l'individu en question, un processus d'autorédemption est en marche ; quant aux autres, désignés par la troisième personne, n'ayant aucune conscience de leur mémoire et ne s'étant pas encore réunis à eux-mêmes, ils sont incapables de raconter eux-mêmes leur histoire qui nous est communiquée par des étrangers.

Plusieurs conclusions s'imposent au terme de cette étude de la perspective narrative dans *l'Amélanchier*. La première, et la plus importante, est que nous avons un premier exemple de l'habileté de Jacques Ferron à trouver une structure significative des notions d'orientation domocentrique et de mémoire, fondamentales dans le récit. Ces deux notions, en effet, par le retour en arrière qu'elles impliquent, s'opposent à toute idée de *linéarité*, de ligne droite, qui s'identifie, elle, à l'âge adulte dans notre société urbaine et industrielle. L'orientation domocentrique se fonde au contraire sur la conscience du point de départ, c'est-à-dire du passé. L'éclatement du point de vue, aussi bien chez un même personnage (Tinamer), qu'en plusieurs personnages, donne de la réalité une image en profondeur. La réalité n'apparaît plus une, mais au contraire multiple, susceptible d'être saisie sous différents angles, réalistes ou merveilleux. Dès lors, pour les lecteurs que nous sommes, l'éclatement du point de vue nous tire, comme Tinamer, de la prison de notre moi, dans laquelle nous risquions d'étouffer. Si nous ajoutons à cela l'espèce de construction *en abyme*, que nous avons décelée dans le fait qu'un narrateur cède sa place à un deuxième, qui la cède à son tour à un troisième (Tinamer→ Léon→ bible des de Portanqueu), construction dont nous reparlerons longuement dans notre analyse de la structure du récit, nous voyons bien comment cet incessant éclatement du point de vue vise à nous donner de la réalité une image riche, complexe, multiple, qui seule nous arrachera de notre situation présente où tout est unifié, où il n'y a plus de bon et de mauvais côté aux choses.

L'étude de l'organisation du temps et de l'espace précisera et complétera les conclusions auxquelles nous a amenés l'analyse de la perspective narrative et nous confirmera que Jacques Ferron a inventé, dans *l'Amélanchier*, une structure d'une remarquable cohérence.

chapitre 3

Structure du temps et de l'espace

Dualisme temporel

Le temps est certes de toute première importance dans un récit où la mémoire, nous l'avons vu, joue un rôle essentiel. Je vois cependant deux façons d'aborder la question du temps dans l'*Amélanchier* : à partir de la notion d'orientation, et autour de celle d'éclatement. J'ai souligné la place centrale qu'occupe la notion d'orientation domocentrique dans le récit de Tinamer. Cette valorisation de l'enfance, par rapport à toute époque ultérieure de la vie, aboutit à un véritable dualisme temporel. Le temps se trouve ainsi partagé en un temps sacré et en un temps profane, division qui correspond aux années de la première enfance, jusqu'au moment d'aller à l'école (vers l'âge de six ans), et aux années qui suivent la première enfance, années d'insouciance qui conduisent à l'âge adulte. Ce dualisme temporel se manifeste dans l'existence des principaux personnages : Tinamer, au premier chef, dont tout le récit est celui de sa première enfance ; Léon, son père, qui évoque à son tour sa première enfance en Maskinongé ; Monsieur Northrop, le bien-nommé, qui a certainement joué, enfant, au jeu des quatre coins. Notons aussi que les personnages dont la vie ne répond pas à ce dualisme, c'est-à-dire pour qui l'enfance ne s'oppose pas fortement aux années qui la suivent, sont aussi ceux qui ne réussissent pas à se sauver : Etna, dont on sait seulement qu'elle est d'origine irlandaise et a grandi dans le quartier Hochelaga (p. 19), et surtout Jean-Louis Maurice, « né de père et mère inconnus » (p. 131), et dont on connaît seulement les maisons où il a séjourné, la crèche, l'orphelinat, l'hôpital Saint-Jean-de-Dieu et le Mont-Thabor.

Ce dualisme, qui enveloppe en quelque sorte toute la vie, se retrouve aussi au niveau des années et à celui des semaines. L'année se divise pour Tinamer en deux parties de longueurs inégales — comme c'était d'ailleurs le cas pour l'enfant et l'âge adulte —, la première beaucoup plus brève que la seconde. Le printemps, essentiellement le mois de mai, constitue la première saison de l'année, la plus belle, comme l'enfance est la première saison de la vie. C'est au mois de mai que se déroule l'essentiel du récit de Tinamer, c'est un matin de mai qu'elle fait son rêve décisif. Ce mois est le plus beau de l'année, avec des journées « de beurre et de miel » (p. 42), selon l'expression de Léon, pendant lequel on peut apercevoir le loriot, qui est « le Saint-Esprit du mois de mai » (p. 44). C'est en mai, surtout, que fleurit l'amélanchier — cet arbre-symbole dont nous aurons l'occasion de reparler — pendant quelques trop brèves journées : « Durant une petite semaine, on ne voyait ni n'entendait que l'amélanchier, puis il s'éteignait dans la verdure ... » (p. 11-12). Suit le long été pendant lequel les maringouins montent la garde à l'orée du bois et en interdisent l'accès jusqu'à l'automne, au moins jusqu'à la mi-août. Ces mois d'été dont on ne dit mot, puisqu'ils sont vidés de tout le merveilleux du bois enchanté, ressemblent aux années d'insouciance qui ont succédé pour Tinamer à sa première enfance. Il n'est pas difficile non plus de rapprocher le retour au bois au début de l'automne, pour revoir le bel amélanchier une dernière fois, « premier à avoir ouvert la saison, premier à la fermer » (p. 12), et le récit que fait de son enfance la Tinamer de vingt ans, désireuse de revivre une dernière fois le temps révolu.

C'est enfin au niveau des semaines que ce partage entre un temps sacré et un temps profane se manifeste. Les jours de semaine, où Léon travaille, rien d'intéressant n'arrive : « Ainsi donc, chaque fois que Léon de Portanqueu, habillé comme tout le monde — c'était son déguisement — s'éloignait de la maison, celle-ci se penchait par en avant, du mauvais côté des choses » (p. 31). Le temps constitué par les jours de semaine, le temps consacré au travail, apparaît répétitif, pauvre, sans intérêt. Par contre, dès le vendredi soir commence un temps béni. Ces jours-là, Léon ne travaille pas et reste à la maison, qui se remet alors à pencher du bon côté des choses : « Et puis, c'est samedi, Etna : depuis hier au soir la maison penche du bon côté des choses et elle continuera de pencher ainsi jusqu'à lundi » (p. 42). C'est d'ailleurs pendant ce temps sacré que se situent tous les jours importants de l'enfance de Tinamer. Pendant ces jours Léon troque son déguisement pour son costume personnel, « sa chienne à Jacques, vieille robe de chambre qui lui venait du massacre de Lachine » (p. 22), ou mieux, se met complètement à poil, « du mieux qu'il le pouvait, pelé par endroits, magnifique quand même » (p. 32). Tout cela est signe que la fin de semaine appartient à un temps spécial où la fantaisie et le merveilleux ont leur place ; le samedi, entre tous les jours, est ce jour où « tout peut arriver » (p. 62). Ici encore le temps le plus court, celui de la fin de semaine, est aussi le plus beau, le plus riche, comme le printemps par rapport à l'été et l'enfance au reste de la vie. La fin de semaine est à la semaine ce que le mois de mai est à l'année, l'enfance à l'âge adulte, le conte à la réalité : le moyen de réintégrer dans la vie la fantaisie et le merveilleux qui avaient présidé à sa première saison.

Jour et nuit

C'est aussi au même dualisme temporel que se rattache l'opposition jour-nuit. Il est évident que la nuit, dans l'Amélanchier, comme d'ailleurs dans les autres œuvres de Jacques Ferron, jouit d'une identité propre qui la distingue du jour. Le jour se déroule selon l'ordre immuable et prévisible des minutes et des heures, d'ailleurs occupées par le travail ou d'autres tâches aussi futiles qu'impératives. La nuit, par contre, l'esprit libéré peut voguer à sa fantaisie. Il y a, à cet effet, un passage capital où Tinamer distingue ainsi Etna de Léon :

> « Etna n'est pas une personne à se faire des histoires de tout et de rien. Elle dit qu'elle n'a pas de temps à perdre, plus soucieuse que joueuse, toujours pressée à faire les choses simplement, dormant quand elle dort, n'en profitant même pas pour rêver. Elle se borne par devoir et trouve qu'elle n'en mène pas large. Mon père prétend qu'elle n'est pas chrétienne alors que lui, mécréant comme pas un, le

serait et grandement parce qu'il rêve autant qu'il ronfle, la nuit, qu'il ne perd jamais une occasion, le jour de plaisanter, de fabuler et de rire » (p. 40).

Etna est l'esclave dont la tâche consiste à préparer les repas — Tinamer nous la présente toujours à la cuisine — engoncée dans le pareil-au-même quotidien, trop fatiguée pour se purifier, la nuit par le rêve, le jour par le rire, de tout ce que sa journée a eu d'abject. La nuit devient le temps privilégié où se gagne ou se perd la bataille de l'identité et du salut.

La nuit jouit ainsi d'une double personnalité, qui la rapproche de la grande nuit primitive. D'une part, elle est ce temps d'obscurité, de ténèbres menaçantes, au milieu desquelles l'homme perdu ne peut s'orienter. Tinamer, comme Léon en son temps, est captive de la nuit. Chaque soir, elle rechute et sombre dans le noir, perdant la conscience de la veille. La nuit, symbole des forces maléfiques qui s'acharnent à la perdition de l'homme, passe l'éponge à la petite Tinamer, compagne impuissante de Jean-Louis Maurice. Mais, à la différence de ce dernier et à l'exemple de son père, Tinamer va transformer la nuit en temps de victoire. C'est là la seconde personnalité de la nuit, symbole du salut, du triomphe du rêve et de la fantaisie sur la triste réalité du jour. C'est le soir, lorsque la lune est haute, que Léon parle pour la première fois à sa fille du comté de Maskinongé. La découverte de leur identité respective par Léon et Tinamer se produit symboliquement à la faveur d'une traversée de la nuit : Léon vainc le système maléfique de la nuit en s'éveillant au bruit de l'incendie de l'église comme Tinamer, dans son rêve, se réveillant la nuit et comprenant qu'elle risque d'être perdue à jamais, se sauve de l'obscurité et des êtres maléfiques qu'elle rencontre. Ainsi, pour elle comme pour Léon, la nuit rachète le jour et, par le rêve, transforme la réalité du jour et la rend acceptable.

Tout revient, en définitive, à une confrontation entre le temps réel, temps de l'âge adulte, temps linéaire et insignifiant du travail quotidien, que résume cette image du fil de la vie qui tire sans cesse Tinamer vers l'avant, et le temps du rêve, temps de l'enfance, temps complexe et riche, tout en profondeur et en relief, où ont libre cours le magique, la fantaisie, le merveilleux. Le plus bel exemple de confrontation de ces deux temps survient lors du rêve de Tinamer. Le temps objectif de son rêve n'est pas très long : il ne dure que les quelques minutes que prend Léon pour tondre le gazon. Pendant ces quelques minutes toutefois, Tinamer voyage dans le temps comme dans l'espace, passant de la nuit au jour, de la forêt où elle est perdue au petit pavillon et au château de la méchante Etna, puis, s'agrippant à un bâton magique, elle vole au milieu d'une assemblée de mi-carême d'où elle revient au château, avant de s'éveiller. Pendant ce temps Léon a tondu le gazon où Tinamer était agenouillée. On voit combien le temps du rêve peut se dilater à volonté, comment au contraire du temps réel, il n'obéit à d'autres lois que celle de la fantaisie. Rien n'y est impossible — de la même façon qu'on a vu que le samedi tout peut arriver. C'est ce temps du rêve, qu'à la grandeur de son récit, Tinamer nous propose de vivre. Si elle nous dit rencontrer effectivement, dans le bois situé derrière la maison, Hubert Robson, ce prêtre mort depuis plus d'un siècle, qu'elle a vu une première fois en rêve, c'est tout simplement que, fabulant à son tour, n'existent plus pour elle les frontières entre le rêve et la réalité. Les deux se compénètrent de façon aussi naturelle que, dans le bois enchanté de son enfance, les arbres « parlaient à qui voulaient les entendre » (p. 11). Ainsi tout le récit que nous lisons est-il cet instant fulgurant pendant lequel, à nous comme à Tinamer, tirés que nous sommes vers l'avant par le fil de notre vie, apparaît, avec la vision du paradis déjà perdu de l'enfance, la possibilité d'illuminer notre vie par le rêve et la mémoire.

Le passé

Nous en arrivons ainsi à considérer la question du temps sous l'angle de l'éclatement, après l'avoir fait sous celui de l'orientation. Dans cette optique, le présent nous apparaît linéaire et chronologique face au passé infiniment plus riche et complexe. Le temps réel et présent est celui de la narratrice, cette Tinamer de vingt ans, assise à sa table de travail, en train d'écrire le récit que nous lisons. Nous ignorons presque tout de cette Tinamer, hors le fait qu'elle rédige le récit de sa première enfance pour son orientation, perdue qu'elle est au milieu de la vie. Nous ne savons presque rien de ses activités, de son environnement. Sa vie présente, sans aucun relief, est tout entière tendue vers le futur, qui est le présent de demain et que caractérise la même *linéarité*. Si le récit de Tinamer se termine sur l'évocation de tout ce qui lui reste de vie à vivre, si son récit a donc ce qu'on est convenu d'appeler une fin ouverte, on ne peut dire que cette ouverture finale soit promesse de salut, le futur entraînant sans cesse Tinamer plus loin de son point de départ. Le salut ne peut venir que de la conscience de la direction du point de départ, c'est-à-dire du passé, temps mouvant de la mémoire où l'on peut distinguer plusieurs niveaux.

Considérons tout d'abord le passé de Tinamer, qu'elle retrouve par sa mémoire. Ce passé se divise tout naturellement en deux périodes : la première enfance, jusqu'à l'âge de l'école, et la période plus longue constituée par les années d'insouciance qui ont conduit Tinamer à l'âge adulte. De façon générale, ces deux périodes sont présentées dans un ordre chronologique : ainsi le récit de la première enfance de Tinamer, qui s'échelonne sur les dix premiers chapitres. Si le chapitre premier présente un résumé des changements qui surviennent dans le bois pendant toute une année, nous faisant passer du printemps à l'été et à l'automne, il se termine cependant sur un jour précis : « Un jour que j'accompagnais mon père ... » (p. 16). La même imprécision temporelle marque le début des deux chapitres suivants ; mais le chapitre deuxième nous amène finalement à un jour précis, un samedi d'octobre où Léon et Tinamer rencontrent Monsieur Pétroni, comme le chapitre troisième se termine un vendredi soir du mois de mai où Léon observe la lune grâce à son télescope. Les quatre chapitres suivants se déroulent le lendemain et le surlendemain, samedi et dimanche de mai : ce resserrement temporel d'une fin de semaine correspond au tournant décisif de l'enfance de Tinamer, c'est-à-dire à son rêve et au récit que son père lui fait de la nuit de l'incendie de l'église. Puis, au chapitre huitième, nous sommes à la mi-août, lorsque Tinamer a de nouveau accès au bois et qu'elle rencontre, un jour de semaine, Monsieur Northrop. Le chapitre suivant nous amène en automne, puis en novembre. Avec le chapitre dixième, qui marque la fin de la première enfance de Tinamer et le début des années d'insouciance, le temps coule plus rapidement. Au chapitre suivant, plusieurs années ont passé, puisque Tinamer a presque seize ans (p. 146) ; les deux derniers chapitres nous conduisent au présent de Tinamer qui a vingt ans. Entre la fin de sa première enfance et son présent, plusieurs événements se sont passés qu'il est difficile de situer avec précision : études de Tinamer, années pendant lesquelles Léon s'est occupé de Jean-Louis Maurice, mort de Léon et d'Etna. Grâce au dossier 1449, nous savons que Jean-Louis Maurice est né en 1951 (p. 131), ce qui lui donne à peu près le même âge que Tinamer qui dit avoir vingt ans au moment où elle écrit — moment que l'on peut supposer coïncider à peu près avec l'année de publication de son récit, soit 1970.

Il y a donc suffisamment de repères pour nous permettre de situer les événements avec passablement de précision, d'autant plus que ceux-ci sont racontés dans un ordre chronologique. Jacques Ferron n'a pas embrouillé, dans l'*Amélanchier*, l'écheveau du temps, au point que le lecteur ne puisse plus se reconnaître. Si, à une première lecture, certaines scènes surprennent, il y a toujours moyen de sortir du labyrinthe, l'auteur ayant soin de donner des indices qui, à la manière du fil d'Ariane, permettent de nous orienter. Il aurait été plutôt contradictoire de donner à un roman basé sur la notion d'orientation — et une orientation qui réussit — une organisation temporelle si complexe que le lecteur soit en danger d'être égaré dès la première page !

Cette logique apparente, cet ordre ne signifient pas cependant que le passé soit linéaire. Au contraire, dans la mesure où le passé de Tinamer laisse place au rêve, et surtout porte en lui le passé de plusieurs personnages, comme nous allons maintenant le montrer, il s'enrichit d'une profondeur infinie qui rattache Tinamer aux origines du monde. Se souvenant du temps passé, Tinamer est amenée à parler de personnages qu'elle a connus dans son enfance et à évoquer leur passé à eux qui fait aussi partie de son passé à elle. Ainsi, décrivant sa première enfance, elle rencontre Léon, son père, qui lui a parlé de sa propre enfance dans le comté de Maskinongé. Tinamer intègre de cette façon son passé à celui de son père. Mais, comme Léon s'était approprié non seulement le temps de son enfance en Maskinongé, mais encore celui de toute sa famille, les Ferron-de Portanqueu, depuis leur arrivée en Nouvelle-France au dix-septième siècle — comme il est relaté dans la bible familiale — tous ces siècles deviennent partie intégrante du passé de Tinamer, qui se voit ainsi rattachée à un temps beaucoup plus vaste que les quelque vingt ans qu'elle a vécus. Grâce à l'exercice de sa mémoire, Tinamer peut affirmer que son passé commence avec l'histoire de ce Jean Gélineau dont on retrouve la trace en 1662. Son passé est donc constitué du passé de chacun des ancêtres, chaque passé grossissant et allongeant le fonds commun. Il aurait été possible de remonter ainsi jusqu'à Adam et Ève. Tinamer choisit de s'arrêter à la traversée d'Europe en Amérique, traversée qui tient lieu de déluge : « Pour relancer la genèse, il ne faut pas la prendre de trop loin » (p. 73), écrit-elle avec raison.

Avec Monsieur Northrop, qui a vendu sa terre en 1913 au signor Pétroni, et qui rêve au jour où les chênes seront assez grands « pour être réquisitionnés par la marine de Sa Majesté la reine Victoria » (p. 92), c'est tout le dix-neuvième siècle de l'Empire britannique que Tinamer récupère, l'enfance anglaise de Northrop, qu'il a passée à jouer aux quatre coins. Grâce à Hubert Robson, elle annexe à son passé la vie de ce prêtre qui a vécu en Bas-Canada dans la première moitié du dix-neuvième siècle, et celle de la petite Mary Mahon. Le passé de Tinamer n'apparaît donc plus comme la suite chronologique des années depuis sa naissance, mais au contraire comme un approfondissement vertigineux qui rattache la petite Tinamer, impuissante en soi, à tout ce qu'il y a eu d'hommes depuis le commencement des temps. Si le présent s'offrait dans une rectitude déprimante, le souvenir du passé, qui ouvre des perspectives infinies, apporte au présent la poésie, le merveilleux qui lui manquaient. C'est donc pour vaincre la solitude affolante du temps présent — absurde parce que sans lien avec ce qui précède — que Tinamer rédige le récit de son enfance, ajoutant ainsi à sa vie présente la dimension du merveilleux et du passé qui la rend acceptable. Le passé de Tinamer commence aux origines du monde, qu'elle place après le déluge. Elle est donc riche de tous ces siècles auxquels elle ajoute à son tour le temps de sa propre vie.

Dualisme spatial

Il est facile de voir comment le dualisme, corollaire de la notion d'orientation domocentrique, et dont nous avons indiqué l'importance dans l'organisation du temps, joue aussi un rôle essentiel dans la structure de l'espace. Pierre Jaccard dont l'ouvrage est sur la table de travail de Tinamer au moment où elle rédige le récit que nous lisons, cite un texte de Lévy-Bruhl qu'il me semble intéressant de rapprocher de la structure de l'espace dans *l'Amélanchier* :

> « Pour le primitif, la représentation de l'espace est surtout qualitative. Les régions de l'espace ne sont pas conçues, ni proprement représentées, mais plutôt senties dans des ensembles complexes, où chacune est inséparable de ce qui l'occupe. Chacune participe des animaux qui y vivent, des plantes qui y poussent, des tribus qui l'habitent, des vents et des orages qui en viennent, etc. Les êtres et les objets sont liés, par cette sorte de participation, à la direction ou à la région de l'espace où ils se trouvent, soit d'habitude, soit actuellement [1]. »

On comprend dès lors que cet homme répugne à quitter son territoire, conscient qu'en s'éloignant de son lieu natal il entre dans un pays étranger et est environné d'ennemis. Le lieu de la première enfance, qui est le point de départ du voyage qu'est la vie, prend donc une importance capitale par rapport à l'orientation domocentrique. Tinamer nous prévient d'ailleurs dès la première page de son récit de ce que signifient pour elle les lieux de sa première enfance : « Mon enfance fut fantasque mais sédentaire de sorte qu'elle subsiste autant par ma mémoire que par la topographie des lieux où je l'ai passée, en moi et hors de moi. Je ne saurais me dissocier de ces lieux sans perdre une part de moi-même » (p. 9). Elle affirme ici non seulement le dualisme profond dont nous parlions, qui divise le monde entre un espace tutélaire et un espace étranger et menaçant, mais aussi son identification à ces lieux et à tout ce qui y habite, merveilleuse symbiose du bois enchanté.

Ce dualisme spatial n'est donc pas qu'une simple figure de style, propre à amuser le lecteur blasé ; il est au contraire fondamental par rapport à la notion d'orientation, et donc par rapport à la structure globale du récit. C'est Léon qui a indiqué à sa fille la nécessité de ce dualisme : « Il avait partagé le monde en deux unités franches et distinctes qui figuraient le bon et le mauvais côté des choses » (p. 26). Ce partage se retrouve

1. Pierre Jaccard, *le Sens de l'orientation et de la direction chez l'homme*, p. 237-238. Jaccard tire la citation de L. Lévy-Bruhl, *la Mentalité primitive*, Paris, 1922.

aussi sur la lune dont la face visible figure le bon côté et la face cachée le mauvais côté des choses. Léon a aussi relancé le partage entre un bon et un mauvais côté des choses au Mont-Thabor, où il s'occupe des enfants aliénés (p. 128) ; c'est pourquoi il a forgé les deux clés du ciel et de l'enfer qu'il permettait à Jean-Louis Maurice de palper.

Ce dualisme essentiel à l'orientation disparaît symboliquement à la fin de la première enfance de Tinamer, au début de ce qu'elle appelle ses années d'insouciance. À mesure que Tinamer vieillissait et qu'approchait le terme de sa première enfance, Léon assistait, impuissant, à la décomposition du domaine dont il avait doté sa fille : « À mesure que les années passaient, il voyait se défaire le domaine de mon enfance et le maintenait de peine et de misère, par exemple en tournant sur place dans le bois, les samedis et les dimanches, pour ne pas en atteindre le bout. Déjà son partage des choses en bon et mauvais côté n'était plus aussi net qu'il l'avait voulu » (p. 100). C'est donc non seulement le progrès technologique ou la façon moderne de vivre qui amènent la fin du dualisme essentiel, mais aussi le passage de l'enfance au monde adulte.

Ce passage se produit à un moment précis, celui de l'entrée de la petite Tinamer à l'école qui est située du mauvais côté des choses. À cette occasion, Tinamer peut, avec ses petites amies qui n'ont jamais entendu parler du bon et du mauvais côté des choses, voir les limites de ce qui avait été jusque-là son bois enchanté. La fin de sa première enfance date du jour où il n'y eut plus de différence entre le bon et le mauvais côté des choses : « Ainsi le mauvais côté des choses devint-il, peu à peu, le bon côté » (p. 120). Le début de ses années d'insouciance, pendant lesquelles elle va peu à peu se perdre, correspond à la disparition du dualisme, à l'unification de toutes choses : « J'eus l'impression de découvrir le vaste monde qui règne partout également, sans bon et mauvais côté » (p. 121). Elle souligne à plusieurs reprises le rapprochement entre sa désorientation et la disparition du partage entre le bon et le mauvais côté des choses. C'est en quelque sorte la définition qu'elle donne de ses années d'insouciance : « Le monde s'est trouvé réuni, limpide et sans saveur » (p. 149). Définition qu'elle reprend d'ailleurs pour décrire sa situation après la mort de ses père et mère : « Je suis restée seule dans un monde sans opposition, sans contraste, qui ne s'était pas réuni pour rien. Née d'une sorte de conte, je me trouvais à en être sortie. Il n'y avait plus de bon ou de mauvais côté des choses ; il n'y eut plus désormais que le monde et moi, tout simplement » (p. 151). C'est ainsi qu'elle explique sa solitude présente : perdue, prisonnière d'elle-même, ne pouvant s'orienter dans un monde désormais sans repère.

On comprend maintenant ce qui a poussé Léon à présenter à sa fille le monde ainsi partagé en un bon et un mauvais côté, et à relancer ce dualisme au Mont-Thabor pour le bénéfice des enfants aliénés. La raison est la même dans les deux cas : c'est celle du salut. Tinamer explique que son père a fabriqué les deux clés du ciel et de l'enfer « pour le salut du plus faible et la perte des plus forts » (p. 143). Le dualisme est donc nécessaire au salut de l'homme, sans quoi tout se confond dans une unanimité dangereuse. C'est grâce à ce partage, comme le dit Léon, que l'idée de justice peut encore être préservée : « ... le ciel et l'enfer font partie d'un vieil héritage ; ils ont gardé intacte l'idée de justice aussi longtemps qu'elle n'a pas été réalisable sur terre ; ils étaient le principe même de la contestation » (p. 141). Le bon et le mauvais côté des choses de Tinamer sont l'équivalent du ciel et de l'enfer de Coco : les deux manifestent la volonté de Léon de présenter le monde à ces deux enfants comme l'expression de sa volonté, c'est-à-dire son désir de corriger le monde, qui autrement serait absurde, intolérable.

Il n'est pas surprenant de voir Tinamer, au terme de ses années d'insouciance, comprendre l'absurdité de la réalité unanime. Elle relance donc à son tour le dualisme : « Tout ce que je sais à présent, c'est qu'en deçà du ciel et de l'enfer qui restent là où ils ont toujours été, ou trop haut ou trop bas, et qu'on serait bien bête de ne pas garder pour les cas extrêmes et les conjonctures désespérées, c'est que sur terre le bon et le mauvais côté des choses sont revenus d'un partage variable, pour un combat à n'en plus finir, sans trêve et sans merci » (p. 153-154). Tinamer écrit ces lignes au moment de nous dire qu'elle étudie la psycho-pédagogie et qu'elle va peut-être un jour s'occuper, à son tour, des enfants aliénés du Mont-Thabor. Elle voit donc l'utilité de ce partage du monde en deux unités distinctes à plusieurs niveaux. Pour les enfants aliénés tout d'abord, à qui ce partage assure la conservation de l'idée de justice. Pour elle-même, en second lieu, qui, à la lumière de ce partage, peut s'orienter et décider de la direction de sa vie, qu'elle va consacrer, elle aussi, au salut des plus faibles. Pour nous lecteurs enfin, qui avons sous les yeux le récit de Tinamer, récit qui est en fait un conte, c'est-à-dire la réalité corrigée et présentée comme l'expression de la volonté de Tinamer.

Le bon côté des choses

Il convient maintenant d'étudier la repré-
sentation du bon et du mauvais côté des choses, et tout d'abord du bon côté des choses, dans *l'Amélanchier*. Notons que dans tous les cas le bon côté des choses est constitué par les lieux privilégiés de l'enfance des personnages. Les êtres et les objets, plantes, animaux, choses, de l'espace natal ont comme principale caractéristique de vivre
en symbiose. Ce milieu natal possède donc tous les attributs d'un monde merveilleux,
fort différent de la réalité que l'on trouve du mauvais côté des choses. Léon ne pouvait
mieux indiquer le caractère enchanté du domaine de l'enfance de sa fille qu'en déclarant au signor Pétroni, le propriétaire du bois : « Je n'ai pas eu besoin du fonds — vous
pouvez le garder, signor Pétroni — pour doter ma fille Tinamer d'un domaine enchanté autrement plus étendu que les vingt arpents de profondeur et les trois de lar-
geur du cadastre où vous continuerez de figurer comme propriétaire » (p. 22). Ainsi le
bon côté des choses, le milieu natal des personnages, milieu où hommes, animaux,
plantes, objets vivent d'une vie commune, sera naturellement représenté par un bois
ou une forêt. Voyons tout d'abord l'exemple le plus intéressant, celui du bois enchanté
de Tinamer. Ce bois, situé derrière la maison familiale, et dont nous connaissons le
vrai propriétaire et les dimensions exactes, possède cependant une double personnalité.

En effet, tout se passe comme si, dans ce bois, les animaux et les hommes avaient
échangé leur rôle. Les hommes y sont souvent désignés sous les traits d'animaux :
Monsieur Northrop est un ancien lapin, Tinamer une bécasse ; dans son rêve, où elle
se voit perdue au milieu d'une forêt, Tinamer rencontrera sa mère sous les traits d'une
gélinotte et son père sous ceux d'un bouc. Par contre, les plantes et les animaux ont
apparence humaine. Les arbres montrent chacun une personnalité propre et parlent
aux humains. À preuve l'amélanchier, « cet arbre désinvolte et moqueur, de combine
avec les oiseaux, qui ne nous avait pas en très haute considération, nous parlant
comme à des cochons » (p. 12). De même les animaux sont-ils présentés comme les
égaux des hommes, peut-être leurs supérieurs. Pensons au frère et aux cousins que
s'est donnés Tinamer : « De ma propre initiative, je me suis fait un frère d'un chien

nommé Bélial, des cousins de trois chats, Bouboule, le matou, Jaunée, la chatte, et Thibeau, leur fils, car je me sentais seule d'être fille unique et les trouvais tous aussi dignes que moi de faire partie de la grande famille des de Portanqueu » (p. 19). Plus loin, nous voyons ce même Bélial venir s'asseoir « pieusement » (p. 44) au côté de Tinamer qui attend l'apparition du Saint-Esprit. Pensons aussi aux perdrix et aux bécasses du bois à qui le signor Pétroni doit payer passage (p. 23-24), et aux poules dont Tinamer, dans son rêve, devient prisonnière, ces poules dont elle dit que « tout en restant poules, elles paraissaient humaines » (p. 55).

Le bon côté des choses des autres personnages, leur milieu natal, est aussi représenté sous les traits d'un paysage champêtre. Ainsi le pays de l'enfance de Léon, le comté de Maskinongé, situé au bout du bois enchanté, de l'autre côté de la mer des Tranquillités, est-il décrit comme un pays de plaines, de collines, de rivières, de joncs où nichent une multitude d'oiseaux (p. 82–85). Si Monsieur Northrop hante le bois enchanté, c'est peut-être, comme le pense Tinamer, « qu'il l'avait habité jadis, avant le friche, la fardoche et le repoussis, aux temps ensoleillés de son enfance, parmi les champs et les vergers, et qu'il venait réconforter les pommiers avec qui il aurait eu partie liée, même souffle, même vie » (p. 14-15). C'est peut-être aussi que ce bois lui rappelle celui où, enfant, il jouait au jeu des quatre coins, et où, autrefois, il a planté des chênes dont il attend qu'ils soient assez grands pour être transformés en mâts de vaisseaux qui mettront le cap sur la Grande-Bretagne, « son comté de Maskinongé à lui » (p. 92). De même enfin, toute l'aventure de Messire Hubert Robson tourne-t-elle autour de la forêt de Tingwick où il a suivi autrefois la petite Mary Mahon. Pour ces quatre personnages, qui réussissent tous, à la fin, à s'orienter, existe un bon côté des choses, un milieu natal ou qui est rattaché de quelque façon à l'enfance, bois ou forêt.

Il est symbolique que les personnages aliénés n'aient pas pareil milieu natal. Si Etna semble être perdue à jamais, c'est peut-être qu'elle est née dans le quartier Hochelaga, en pleine ville, et qu'ainsi elle n'a pas de bois enchanté prestigieux. On comprend maintenant pourquoi Léon amène Jean-Louis Maurice dans le bois enchanté (p. 149). Il espère ainsi lui donner ce milieu natal, ce bois où vivent en symbiose tous les règnes. Nul doute que, par ce geste, Léon a arraché le remplaçant de Tinamer à sa perdition, comme semble l'indiquer la dernière page du livre où nous apercevons Jean-Louis Maurice montant la garde à la lisière du bois. C'est tout naturellement l'image biblique du paradis terrestre qui s'impose comme représentation du milieu natal, du bois de l'enfance. Le bois enchanté de Tinamer est habité par le loriot qui est « le Saint-Esprit du mois de mai » (p. 44). Léon peint le comté de Maskinongé en des vers qui ne laissent aucun doute sur la nature paradisiaque du pays de son enfance : « Maître serpent des paradis printaniers... » (p. 83). Jean-Louis Maurice, enfin, qui, tel l'ange tenant un glaive de lumière à la main, garde l'entrée du paradis perdu de l'enfance dont Tinamer est désormais chassée (p. 162-163).

Le mauvais côté des choses

Le mauvais côté des choses offre une image toute différente, opposée en tout point à celle du bon côté des choses. Notons tout d'abord que le mauvais côté des choses n'est jamais associé à l'enfance. C'est précisément à la fin de sa première enfance, lorsqu'elle va à l'école qui se trouve du mauvais côté des choses, que s'écroule pour Tinamer le dualisme que lui avait enseigné Léon. Le mauvais côté des choses s'identifie plutôt au monde adulte, à la civilisation « urbaine, suburbaine, pétrolière et américaine » (p. 21), à notre société de consommation régie par Papa Boss, Hérode et Ogou Feraille. Cette prolifération du mauvais côté des choses est somme toute assez récente. Léon, enfant, n'a pas connu ce partage : « alors que de nos jours, il ne se passe rien de bon par la rue, en avant de la maison, dans son temps les choses n'étaient pas partagées en un bon et mauvais côtés » (p. 64-65). Il faut dire que Léon n'est pas né à la ville mais à la campagne. Cependant la ville natale de Tinamer, Longueuil, n'a pas toujours eu l'aspect qu'elle a pris vers la fin de sa première enfance. Pendant les deux ou trois premières années de sa vie, dont elle ne se souvient d'ailleurs pas, Longueuil avait encore l'aspect du Farouest, vivant à l'enseigne du burlesque, du saugrenu, de la fantaisie, sans aqueduc, ni égouts, ni rues pavées ni trottoirs, ouverte sur les champs et la campagne du comté agricole de Chambly, dont elle était le chef-lieu (p. 20-21). Mais cette ère de bonheur a pris fin brusquement avec l'arrivée du progrès et de l'« hygiène officielle du monoxyde de carbone » (p. 21). Dès lors la fantaisie a été remplacée par la banalité industrielle.

Au paradis champêtre du bon côté des choses répond le mauvais côté des choses peint sous les traits d'une nature dénaturée. Les bois, les arbres, les plantes, les animaux s'arrêtent là où commence le mauvais côté des choses, c'est-à-dire à la rue. Cette rue est l'image même d'une nature dénaturée : « Par devant la maison, du mauvais côté des choses, passait la rue comme ailleurs, rivière grise et morte d'asphalte refroidi dont la coulée remontait à l'ère tertiaire ... La rue passait donc comme partout ailleurs, bordée par l'infinie succession de ses deux quais parallèles coulés dans le béton armé pour l'éternité de sorte que les piétons avachis, débardeurs d'eux-mêmes, n'y faisaient qu'user les semelles de leurs souliers à présent que ces quais périmés avaient été déclarés trottoirs » (p. 28). Faut-il s'étonner que le mont Royal ne soit plus qu'un volcan éteint, « rapetissé, ratatiné, tellement enfoncé par les grands buildings qu'il avait peut-être disparu » (p. 28), et que « le majestueux Saint-Laurent était gras d'eau de vaisselle, qu'il puait, égout à ciel ouvert, égout de tous les égouts du Haut et Bas-Canada, et qu'il charriait des étrons, des étrons à n'en plus finir, avec, çà et là, la charogne d'un nègre américain assassiné à Chicago — encore chanceux que le Mékong ne soit pas un affluent de notre fleuve national et biculturel » (p. 121).

Toutes sortes de personnages, plus sinistres les uns que les autres, hantent ce mauvais côté des choses, tous au service de Papa Boss « Dieu le Père de la Trinité américaine dont Rédempteur Fauché était le fils et le napalm, le Saint-Esprit » (p. 30), parmi lesquels on distingue des Témoins de Jéhovah, des Mormons, un cardinal léger à la tête d'une procession de lépreux en route vers la papauté (p. 29), des zouaves, des pompiers, des raquetteurs, le Sanitary Refuse (p. 115), « des agents d'assurance, le poète Pélo de la Christian Science, des frénétiques et des redingotards, des vendeurs d'eau minérale et d'esprit civique, des faux aveugles, des policiers éducateurs, des légionnaires, des bonimenteurs, des bateleurs, des escogriffes, valetaille au service de la corporation, supposément la cité, qui administrait le labyrinthe au profit des créanciers, amerlots comme les missionnaires » (p. 30). Ajoutons à la liste le principal de l'école, assimilé par Tinamer à un pacha, à un potentat (p. 113), et les médecins, psychologues, neurologues, psychiatres qui s'occupent, à leur façon, des enfants aliénés du Mont-Thabor. Cette geôle pour enfants est en effet située « au-delà du quartier Hochelaga » (p. 154) — quartier natal de la pauvre Etna, en plein mauvais côté des choses, véritable « désert de briques » (p. 124).

Si le Mont-Thabor se trouve « au fin bout, à la pénouille du mauvais côté des choses » (p. 54), c'est parce qu'il constitue une synthèse infernale de tout ce que la civilisation moderne et américaine a de plus écœurant : les incroyables diagnostics du dossier 1449, la description de la salle Notre-Dame-de-Lourdes, dénoncent avec une violence inégalée — et justifiée — l'hypocrisie de cette société, la nôtre, qui cache et torture ces enfants « sous l'ordre exprès de Sa Seigneurie Nènême Trahin, juge délégué par le roi Hérode, order-and-law » (p. 145), pour que continuent à la télévision domestique de triompher « la blancheur des babines retroussées, les sourires à dentiers et l'évangile selon Colgate et Palmolive » (p. 144). Le pauvre Jean-Louis Maurice, plongé au plus noir du mauvais côté des choses, était donc irrémédiablement perdu jusqu'à l'arrivée de Léon qui lui fabriqua les deux clés du ciel et de l'enfer et le conduisit plus tard au bois enchanté, l'initiant, pour la première fois de sa vie, au bon côté des choses.

Le bois et le labyrinthe

Si le bon côté des choses s'identifie au bois, à la campagne, à une vie qui laisse place à la fantaisie, le mauvais côté des choses est décrit sous les traits de la ville cimentée, fermée. Les échanges nécessaires entre la ville et la campagne, par lesquels la ville pouvait en quelque sorte respirer, ne sont désormais plus possibles et la ville étouffe. C'est en quoi le petit bois derrière la maison de Tinamer, de par sa seule présence, oppose à l'incroyable bordel extérieur l'image d'un monde encore intact, non régi par la loi universelle. Ce petit bois, qui bientôt disparaîtra à son tour sous les charges des « bouledozeurs » (p. 152), et dont Tinamer devra désormais garder le souvenir grâce à sa mémoire, est l'oasis salvatrice dont, pendant le reste de sa vie, elle devra connaître la direction, point de départ essentiel pour son orientation.

Cette valeur d'orientation du bon côté des choses et de désorientation du mauvais côté des choses est manifeste tout au long du récit de Tinamer. Il est significatif que le désordre du bois de Tinamer ne soit qu'apparent. Les arbres qui y habitent n'ont pas élu domicile au hasard, « s'étant arrangés entre eux pour se partager le terrain à leurs goûts et convenances » (p. 13). Aussi est-il impossible de s'y perdre : « Nos promenades étaient sans fin et le bois ne me semblait pas avoir d'autre issue que celle du retour qui, immanquablement, nous ramenait à la maison par les mêmes sentiers que nous avions pris pour nous en éloigner » (p. 10). S'il est impossible de s'égarer dans le bois c'est parce que, tous les chemins ramenant à la maison, au point de départ, l'orientation domocentrique ne présente aucune difficulté. Si Tinamer, dans son rêve, s'égare momentanément dans une forêt (p. 52), elle finira néanmoins par retrouver son chemin comme, après bien des années, Hubert Robson et Mary Mahon se reverront. Par contre, en dépit de l'ordre apparent de ses rues, le mauvais côté des choses est un labyrinthe inextricable où aucun fil d'Ariane ne vient au secours du citadin égaré.

Cette image du labyrinthe, au bout duquel trône le Minotaure assoiffé de victimes, Tinamer l'utilise à plusieurs reprises. Chaque rue n'est qu'« un des centaines et des milliers d'alias du labyrinthe, un faux nom pour compliquer le dédale urbain, suburbain et multimunicipal » (p. 29). Ce labyrinthe, qui n'est « qu'une adaptation de l'ancien, sans grande originalité, seulement plus étendu et plus hygiénique » (p. 29), fait courir à ceux qui l'empruntent le même risque que Thésée, celui de se perdre à jamais. C'est ce que craint la petite Tinamer au moment d'aller à l'école : « Je risquais de m'égarer et d'être emportée dans le labyrinthe avec les chiens perdus et les enfants abandonnés vers le Minotaure, dont mon père ne m'avait que trop parlé » (p. 112). Ce labyrinthe, que Tinamer qualifie plus loin d'américain, symbolise le monde moderne. À l'opposé du bois enchanté dont tous les sentiers ramènent à la maison, en cela semblable aux contes qui finissent toujours par ramener, nouvel Ulysse, le voyageur chez lui, le labyrinthe n'offre aucun point de repère. Toutes les rues étant identiques, elles entraînent le malheureux qui s'y est aventuré toujours plus loin de son point de départ, comme Tinamer, à vingt ans, s'aperçoit que le fil de sa vie la tire à chaque instant en avant, plus loin du bois enchanté de son enfance.

On comprend davantage maintenant le choix du conte qu'a fait Tinamer pour écrire le récit de sa première enfance. Le conte, comme genre, s'intègre en effet parfaitement à la structure même de son récit. Nous sommes, lecteurs vivant du mauvais côté des choses, la proie quotidienne du labyrinthe et du Minotaure. Pour nous aussi « le monde s'est trouvé réuni, limpide et sans saveur » (p. 149). Démunis de ce dualisme essentiel à notre orientation, nous sommes engoncés dans le présent linéaire et sans cesse tirés vers le futur qui nous appelle. Tinamer, on devrait plutôt dire Jacques Ferron, veut donc par le conte, genre libre à qui la logique n'a pas passé le carcan, nous présenter du monde une image différente de celle que nous connaissons dans le tous-les-jours de notre vie, et réintroduire dans notre existence la fantaisie, le merveilleux, le saugrenu, en même temps que les arbres, les oiseaux et les animaux. Le dualisme temporel et spatial présent dans l'*Amélanchier* a comme fonction de nous faire prendre conscience de l'absurdité de notre vie moderne et, dans un deuxième temps, par la vertu du conte, de nous arracher à notre perdition, de nous sauver.

chapitre 4   *La composition*
                                    des personnages

L'analyse de la composition des personna-
ges, que nous abordons ici, nous donnera un exemple de plus de l'habileté de Jacques
Ferron à rendre signifiants tous les éléments de *l'Amélanchier.* Certes, les personnages
constituent d'ordinaire des éléments importants dans un récit. Cependant, pour que,
dans son ensemble, le texte possède la cohérence nécessaire à l'œuvre d'art, il faut que
les différents éléments s'intègrent très bien les uns aux autres. Rappelons que dans une
œuvre, quelle qu'elle soit, tout est machiné, rien n'est laissé au hasard. Cette machination distingue d'ailleurs l'œuvre d'art de la vie.

La règle s'applique aux personnages comme à tout autre élément constituant de
l'œuvre. Ainsi un personnage ne doit pas être créé pour lui-même mais en fonction de
l'œuvre entière, ce qui implique que la signification d'un personnage se dégage de la
place qu'il occupe dans l'ensemble, et notamment par rapport aux autres personnages.
Bref, l'étude des personnages doit être faite dans le même esprit qui a prévalu pour l'a-
nalyse des notions de temps et d'espace, c'est-à-dire avec la conscience que chacun des
personnages s'intègre dans une structure. Loin d'être un hors-d'œuvre plus ou moins
brillant, ou pire, l'occasion de se livrer à de savantes études psychologiques, l'étude
des personnages constitue, dans cette optique, un élément essentiel de la connaissance
de la forme structurée, c'est-à-dire significative, que doit être l'œuvre.

Deux groupes

Une première constatation, toute simple, au sujet des personnages de *l'Amélanchier* pris dans leur ensemble, ne manque cependant pas d'intérêt. Il saute aux yeux que l'auteur n'avait pas du tout l'intention de nous les peindre dans toute leur complexité psychologique. Tous les personnages sont au contraire simplifiés. Cela n'est d'ailleurs pas pour nous surprendre, puisque nous avons déjà souligné à quel point le récit de Tinamer se rapprochait du conte, et que ce sont là des caractéristiques des personnages de conte.

Si l'auteur ne conçoit pas ses personnages en termes psychologiques, c'est parce qu'il ne perd jamais de vue la notion centrale de *l'Amélanchier*, celle de l'orientation. Tous les personnages se définissent par rapport à cette notion. Tous sont, ou ont été, en danger de se perdre et se sont trouvés ou perdus. La seule chose qu'il nous importe de savoir, et donc la seule que l'auteur juge bon de nous dire, est la suivante : le personnage a-t-il réussi ou non à s'orienter selon la méthode domocentrique. C'est vraiment là la seule question importante ; elle constitue une espèce d'*a priori* pour toute autre question ultérieure. La raison d'être de tous les personnages de *l'Amélanchier*, et donc leur signification, sont fonction de leur situation face à la notion centrale de l'orientation.

Ainsi les très nombreux personnages de *l'Amélanchier* se répartissent-ils tout naturellement en deux groupes inégaux. D'une part, les personnages qui ont réussi ou sont en train de réussir leur processus d'orientation domocentrique, qui se rattachent au monde de l'enfance et appartiennent au bon côté des choses. D'autre part, les personnages qui n'ont pas réussi à s'orienter, ou qui sont associés de quelque façon aux forces maléfiques du mauvais côté des choses, personnages qui s'identifient au monde adulte, à la civilisation moderne et américaine du labyrinthe. Notons que les personnages associés au mauvais côté des choses l'emportent de beaucoup par le nombre. Cependant il est évident que l'intérêt de l'auteur se porte sur les personnages de l'autre côté, ceux qui ont réussi à échapper au labyrinthe. C'est eux que nous allons étudier en montrant comment leurs vis-à-vis ont pour rôle de leur servir de repoussoir.

Disons tout d'abord qu'en sus de leur orientation réussie, les personnages appartenant au bon côté des choses se distinguent par leur personnalité qui est double, alors que celle des autres personnages est au contraire simple et linéaire. Cette deuxième personnalité est souvent animale, ce qui s'explique facilement si l'on se souvient que le bon côté des choses est presque toujours décrit comme un paradis champêtre. Cette règle de la double personnalité s'applique même à des personnages de deuxième ou troisième importance — comme le dernier maire de Longueuil, avant l'arrivée du progrès, Son Honneur Hector Desmarais, « maire de la cité et roi mérovingien » (p. 20-21), c'est-à-dire personnage de cirque, tenant du cowboy et du centaure — ou encore à des personnages qui, bien qu'appartenant au mauvais côté des choses, n'en jouent pas moins, à l'occasion, et peut-être malgré eux, un rôle bénéfique — comme le principal de l'école qui, en reconduisant la petite Tinamer chez elle, la sauve du Minotaure, et est décrit à la fois sous les traits d'un pacha et d'un potentat et sous ceux d'un chien saint-bernard (p. 113–115).

La petite bécasse

La composition du personnage de Tinamer présente un bel exemple de l'éclatement de la personnalité. Si Tinamer est la fille de Léon et d'Etna, elle a cependant comme frère Bélial, le chien, et comme cousins trois chats, « Bouboule, le matou, Jaunée, la chatte, et Thibeau, leur fils » (p. 19). Mais son affiliation au monde animal ne s'arrête pas là. Elle est en effet désignée à maintes reprises comme une petite bécasse du Canada.

Cette image réunit les différentes facettes de la personnalité de Tinamer. Notons les deux sens du mot bécasse : s'il désigne en premier lieu un oiseau migrateur au long bec, il a aussi le sens d'une femme sotte. C'est tout d'abord le second sens qui est développé, car il marque l'influence néfaste que risque d'avoir Etna sur sa fille. C'est d'ailleurs Etna qui, dans le rêve de Tinamer, l'a frottée avec un onguent qui a eu pour résultat de la transformer en bécasse : « Je m'aperçois alors que moi, Tinamer de Portanqueu, je suis couverte de plumes, le corps ramassé, les yeux ronds, le bec long et pointu comme une bécasse du Canada ; j'ai même au-dessus de ce bec, là où j'avais le nez, une sorte de retige emplumée, très fine et très longue, que n'a pas l'oiseau de l'espèce susdite » (p. 59).

Toutes les fois où il est question de la mauvaise influence d'Etna sur sa fille, désireuse qu'elle est de la façonner à son image et à sa ressemblance et de l'arracher à l'emprise de Léon, l'image ridicule de la petite bécasse aux yeux écarquillés et au long bec réapparaît. C'est en quelque sorte le mauvais côté de Tinamer, ce dont elle s'aperçoit après son rêve, et dont elle tient responsable sa mère : « Moi, je suis une petite bécasse, tu devrais le savoir, Etna de Portanqueu, toi qui m'as frottée de la tête aux pieds avec une pommade, un spécifique, disais-tu, pour que je devienne couverte de plumes » (p. 116). Elle comprend que sa mère veut en faire sa possession à elle, l'enlever à son père : « Le seul qui soit vraiment fier de moi, c'est mon père. C'est pour cela que tu es jalouse, c'est pour cela que tu m'as transformée en bécasse ... Je suis certaine à présent que tu es une mauvaise mère » (p. 96-97). Cette petite bécasse d'apparence ridicule symbolise le danger que court la petite Tinamer si elle tombe au pouvoir d'Etna. Ce danger est essentiellement le refus du merveilleux et de l'orientation domocentrique, et, concrètement, l'éloignement du bois enchanté. Après le rêve où elle a été transformée en bécasse par sa mère, Tinamer hésite à retourner au bois. Elle décrit ses réticences en des termes révélateurs : « Je n'y pénétrais pas trop avant, encore impressionnée par la bécasse aux yeux ronds, au bec pointu, au naso brutto superflu, par sa cage de laiton, le sabbat où elle m'avait menée » (p. 87). Dans la même page, elle explique ainsi le fait qu'elle n'a pas revu, depuis le mois de mai, la petite Mary Mahon : « Il me semblait que j'avais été impolie envers elle, sauvageonne et farouche autant qu'une bécasse » (p. 87-88). Cet aspect de la personnalité de Tinamer, celui qui est sous l'influence de sa mère, est résumé par la phrase-leitmotiv, « Oh ! oh ! Che naso brutto ! ». Nez anormalement long par lequel Tinamer est tirée de l'avant par le fil de sa vie, en cela semblable à Etna, dans l'oubli de son point de départ, perdue, désorientée, bientôt la proie du Minotaure qui les attend au bout du labyrinthe.

Le mot bécasse, au sens propre, désigne par ailleurs un oiseau migrateur. C'est ce sens que l'auteur semble avoir à l'esprit dans beaucoup d'autres passages dans lesquels

Tinamer apparaît, cette fois, sous l'influence de son père, c'est-à-dire associée au bon côté des choses, dans la nécessité de s'orienter si elle ne veut pas devenir la proie des forces maléfiques. C'est en quelque sorte la précarité de sa situation à la fin de sa première enfance, semblable à celle où elle se trouve au moment où elle rédige le récit que nous lisons, que Tinamer résume dans les quelques phrases qui suivent : « Mais la fissure restait et peu à peu le mauvais côté des choses s'insinuait dans le bon. Des coups de feu éclataient. La chasse finissait la saison. Contre qui pouvait-on tirer sinon contre la petite bécasse ? » (p. 102). Comme la petite bécasse, Tinamer doit se sauver et pour ce, ne compter que sur elle-même. Si elle ne peut s'appuyer sur Etna, comme nous venons de le voir, elle ne peut non plus se reposer indéfiniment sur son père du soin de sauvegarder son identité.

Tinamer prend conscience de la nécessité de se dégager aussi de l'influence de son père au terme de la description poétique qu'il lui fait du comté de Maskinongé : « Je crus comprendre que ce comté de Maskinongé, commençant par des plaines, finissait en collines, que je ne devais en attendre plus de précisions de Léon de Portanqueu, esquire, étant donné que c'était le pays de son enfance, son pays particulier qu'il ne pouvait livrer, malgré qu'il en eût, et que je n'y serais jamais qu'une bécasse du Canada » (p. 84-85). Elle doit donc, comme la petite bécasse sur qui l'on tire, comprendre qu'elle-même est chassée du bois enchanté, domaine de son enfance, et qu'obligée désormais de tenir le ciel, elle doit conserver sans cesse présente à son esprit la direction de son point de départ.

Cette image de la petite bécasse prenant son vol réapparaît aux moments clés de la libération progressive de Tinamer. Ainsi le chapitre huitième, où Tinamer commence à découvrir que la conquête de son identité passe par sa libération non seulement d'Etna mais aussi de Léon, se termine par le passage suivant : « Ils me regardent avec complaisance comme des complices heureux qui pensent déjà à m'envoyer coucher pour causer seul à seul de leurs sales combines. Ma petite bécasse, les yeux écarquillés, le bec long comme jamais, s'envole comme une boule stridente, toute seule au-dessus des aulnes noires » (p. 98). Cette même image réapparaît une vingtaine de pages plus loin, lorsque, devant le rire de Léon au récit que lui fait Etna du premier jour de sa fille à l'école, Tinamer se détourne pour longtemps de son père. Les phrases rappellent le passage précédent, mais avec quelque chose en plus : « Ce rire m'avait mis les yeux trop hauts, trop ronds, fait le bec pointu, très long : je mijotais dans la cannelle. Puis je suis partie comme une boule stridente, petite bécasse délivrée, vrombissant dans la lumière, au-dessus des aulnes noires … » (p. 118). Ce qu'il y a de changé, c'est l'affirmation de la délivrance. Tinamer, à l'exemple de la petite bécasse que l'on chasse du bois enchanté, ne peut plus se poser dans le fourré voisin ; elle doit tenir l'air le temps qu'il lui reste à vivre comme il est dit dans les toutes dernières lignes de son récit, où, pour la dernière fois, nous revoyons la petite bécasse :

> « Au moment où le fil de la vie me ramenait devant moi, hors de moi, la bécasse aux yeux trop hauts, trop écartés, au bec droit et pointu, ramassée sur elle-même, petite boule sifflante, ta bécasse, Tinamer, s'envola, mais cette fois pour ne plus se poser, pour ne plus revenir, perdue pour elle-même, désormais au-dessus de moi aussi longtemps qu'elle pourra tenir le ciel » (p. 163).

Mais Tinamer, petite bécasse obligée de tenir le ciel le reste de sa vie parce que chassée définitivement du bois enchanté de son enfance, peut, par l'exercice de sa mémoire, garder la notion de son point de départ et ainsi s'orienter. C'est cette orientation domocentrique qui est exprimée à nouveau grâce à l'image de la bécasse, à la fin du chapitre douzième, lorsque Tinamer, comprenant qu'elle est dorénavant seule dépositaire d'un pays disparu, parle de la petite bécasse qui soudain « s'est élancée d'un fourré d'arrière-cour ou d'un amas de briques rouges et qui tournoie maintenant dans la lumière de Maskinongé au-dessus du quartier Hochelaga, mariant les pays de Léon et d'Etna de Portanqueu » (p. 156-157). Il est donc de la responsabilité de Tinamer d'intégrer à son passé et à son milieu natal ceux de ses père et mère, se reliant de la sorte, à travers eux, aux origines du monde. On comprend alors la réapparition, à la dernière page du « Oh ! oh ! Che naso brutto ! » (p. 163), qui prend ici son deuxième sens, celui qui ressort de la notion d'enracinement, celui qui montre bien que Tinamer est une vraie de Portanqueu même si la fillette ne possède pas, comme son père, cette « grande bête affectueuse et répugnante » (p. 33) d'où les de Portanqueu tirent leur nom.

Léon de Portanqueu

Le personnage de Léon de Portanqueu pos-
sède lui aussi une nature complexe dont l'explication est à rechercher dans son appartenance au bon ou au mauvais côté des choses. Distinguons d'abord le Léon enfant —
celui qui, lors de la nuit de l'incendie de l'église, réussit à se réunir à lui-même — du
Léon adulte, qui est le père de Tinamer. Le premier, l'enfant, ne pose pas de difficulté
de compréhension, vivant, en son temps, une expérience que sa fille vivra après lui. Le
second, l'adulte, apparaît par contre sous une double nature, selon qu'il se rattache à
l'un ou l'autre des deux côtés des choses, ce qui explique les sentiments contradictoires
de Tinamer à son égard : « Je me sentais à la fois honteuse et fière d'être sa fille » (p.
26). Dans la mesure où il s'identifie au bon côté des choses, Léon fait figure de personnage plus ou moins extraordinaire, fabuleux — songeons qu'il rêve autant qu'il ronfle
et qu'il a présenté le monde à sa fille comme l'expression de sa volonté — dont le nom,
Léon de Portanqueu, esquire, est déjà tout un programme.

Tinamer prend plaisir alors à nous le présenter sous toutes sortes d'apparences,
comme s'il avait le pouvoir de changer de forme à son gré. Elle affectionne particu-
lièrement les comparaisons avec les animaux, ce qui n'a rien pour nous surprendre.
Tantôt, « plus poilu qu'un singe pelé », il marche « les doigts de pieds écarquillés »
(p. 25) avec le plus grand sérieux ; cette comparaison avec le singe est d'ailleurs reprise
plus loin lorsque Tinamer explique que, dès son arrivée à la maison, il s'empresse de se
mettre à poil jusqu'au moment où, sur les instances d'Etna, il est forcé « d'engueniller
son singe » (p. 32-33). Ailleurs, dans son rêve, Tinamer l'aperçoit sous les traits d'un
bouc, dont il a les sabots et les pattes, ainsi qu'une queue « longue et musclée »
(p. 59-60). En d'autres occasions, Tinamer le présente sous les déguisements les plus
invraisemblables qui ont en commun de grandir Léon. Tantôt il a grand air « drapé
dans sa chienne à Jacques », sa robe de chambre, sa relique du massacre de Lachine
(p. 32). Tantôt il est « un grand Polichinelle sorti de l'ombre » (p. 38), ou encore un
« saint homme » (p. 44) prophétisant l'apparition du Saint-Esprit, ou, aux yeux de
Tinamer, un voleur courageux qui dévalise chaque jour quelques banques (p. 113).
Ces diverses transformations trouvent leur apothéose dans un court rêve que fait Ti-

namer le soir de sa première journée d'école : « Léon de Portanqueu, allez, ce n'était pas n'importe qui, un Principal à bajoues, à bedon, à pendants d'oreilles ; il était mon héros, le cavalier à éperons et à cravaches qui mâtait cette rosse d'Etna ; il éteignait les volcans malsains, balayait laves et cendres seulement en riant ; il était mon père et je me sentais fière. J'étais au septième ciel d'être sa fille » (p. 118).

Cette personnalité fabuleuse de Léon, faite de l'admiration qu'a sa fille pour un héros qui chaque jour risque sa vie en se rendant du mauvais côté des choses, s'écroulera avec la fin de la première enfance de Tinamer. Il ne pouvait en être autrement dans la mesure où Léon, ayant depuis longtemps quitté le domaine de son enfance, se rattachait par un aspect très important de sa nature au mauvais côté des choses, où il se rend quotidiennement. Ainsi, à côté du Léon fabuleux existe un Léon prosaïque. Ce Léon-là, habillé comme tout le monde, ne pille pas les banques ; il exerce le métier de geôlier au Mont-Thabor, maison où sont enfermés des enfants aliénés, et, le soir venu, couche « incestueusement » dans le même lit qu'Etna (p. 25), qui le domine entièrement. Tinamer le comprend à la fin du rêve pendant lequel, sous l'ordre d'Etna — « C'est honteux, pareil jardin ! Ils soignent le leur et tu les infectes de mauvaises herbes. Tu vas me couper ça dès aujourd'hui » (p. 45) — il a coupé le gazon. C'est dans cette attitude peu glorieuse que Tinamer nous le décrit : « Mon père achève de tondre le gazon. Plus de miracle, plus de pissenlits ! Quel pauvre homme il fait, serviteur de cette Etna qui vient de me causer tant de tribulations ! Couchée sur la pelouse, justement je peux remarquer qu'il n'a pas de pieds de bouc ni de grande queue ... » (p. 62).

C'est ce même Léon que nous retrouvons un peu plus loin, rentrant à la maison le soir, affamé, et donc la proie d'Etna : « Quand celui-ci s'amène, il est lui de même comme un nourrisson, tout Léon de Portanqueu, esquire, qu'il soit : il a faim. Le souper fume sur la table. Etna semble à présent très grande » (p. 97). Ainsi, dans la mesure où Léon s'identifie au mauvais côté des choses, il tombe au pouvoir d'Etna, et sa fille, le dépouillant de sa nature fabuleuse, se détache de lui. Ses critiques, qui au début étaient assez espacées et sans grande conséquence (p. 25-26 et 34), se font plus sérieuses dès le moment où, écolière, elle se rend, à son tour, du mauvais côté des choses. Il devient pour elle une vieillerie, à l'image de sa supposée relique du massacre de La-

chine qui, en fait, « lui venait d'un ancêtre cabaretier, maquereau et voleur comme lui »
(p. 100). Elle descend ce faux héros du ciel où elle l'avait placé, en veut au farceur de
s'être moqué d'elle, le trouve ridicule, ne le comprend plus et se détourne de cet
homme devenu quelconque. Ainsi la nature du personnage de Léon est-elle fonction de
son appartenance au bon ou au mauvais côté des choses, aux merveilles de l'enfance
ou au labyrinthe absurde.

Etna

Si le personnage de Léon nous est apparu
complexe dans la mesure où il s'associait à l'un ou à l'autre côté des choses, celui
d'Etna ne présente pas le même dualisme. Née dans le quartier Hochelaga, un « désert
de briques » (p. 124), selon Léon, Etna n'a pas, comme son mari et sa fille, un milieu
natal champêtre vers lequel se tourner pour s'orienter. Tout se passe comme si, depuis
maintenant de longues années, elle vivait d'une vie larvaire, au ralenti, ce que symbolise son nom d'Etna, comme Tinamer nous l'explique : « Par ma mère Etna, ainsi nom-
mée parce qu'elle se fâcha une fois, une seule, mais si fameusement que les jours et les
ans, les semaines de résignation, de longanimité et de douceur, ne l'ont pas effacée des
mémoires ... » (p. 19). Elle ressemble à ces volcans éteints que sont l'Etna et le mont
Royal (p. 28), avec cette différence qu'elle ne s'est pas éteinte toute seule, mais sous
l'effet du « pompier » qu'elle a épousé (p. 33). Aussi son rôle est-il celui d'une servante
confinée à la cuisine, « penchée sur ses feux » (p. 38), occupée à préparer le gruau du
matin ou les autres repas, de façon purement mécanique, sans aucun entrain : « Elle
voudrait peut-être que nous mangions une fois pour toutes ... Il faudrait peut-être revenir à la polygamie. Il y aurait moins de solitude dans les petites maisons de banlieue » (p. 94-95). L'absurdité et la solitude de son existence s'expliquent par sa résignation, par son incapacité de s'orienter, c'est-à-dire de se rattacher à ses origines, sa-
tisfaite de ce qu'elle est devenue, ayant oublié le volcan qu'autrefois elle était. Tinamer
ne peut qu'aimer cette femme « douce et tendre » (p. 9), « plaisante et chaleureuse » (p.

109), dont l'effacement ne lui porte pas ombrage. Elle a même pitié de sa « pauvre mè-re » (p. 31), expression qui revient souvent sous sa plume et qu'elle tient de son père, qui l'utilise en parlant de sa propre mère (p. 70).

Cependant cette résignation a une conséquence fâcheuse, qui est la caractéristi-que essentielle de la nature d'Etna : le refus du merveilleux. Etna est prisonnière du pareil-au-même quotidien mais, à la différence de Léon, elle accepte sa situation. Elle a le grand tort de ne jamais rêver ni fabuler : « Etna n'est pas une personne à se faire des histoires de tout et de rien. Elle dit qu'elle n'a pas de temps à perdre, plus sou-cieuse que joueuse, toujours pressée à faire les choses simplement, dormant quand elle dort, n'en profitant même pas pour rêver » (p. 40). Ce refus du merveilleux se mani-feste à plusieurs reprises : elle ne demande pas à Bélial où se trouve Tinamer, « certaine qu'il ne répondrait pas » (p. 40) ; elle ne croit pas que les pissenlits ont fleuri par en-chantement et qu'il s'agit là d'un miracle : elle y voit plutôt la paresse de Léon ; c'est elle, enfin, qui force Tinamer à aller à l'école, sans lui demander son avis, comme « une obligation à laquelle tout le monde devait se soumettre, bon gré, mal gré » (p. 111), et qui empêche Léon de retourner dans son comté de Maskinongé.

Ainsi, bien que demeurant dans la maison située du bon côté des choses, Etna re-fuse le merveilleux qui le caractérise. Elle représente le devoir, l'ordre et le bon sens. Il est significatif que tant que Tinamer n'a pas quitté la première enfance, tant qu'elle croit au monde tel que son père le lui a présenté, elle déteste cette mère gélinotte qui, dans son rêve comme dans la vie, essaye d'en faire sa possession, bref, telle qu'elle la juge au soir de son premier jour d'école : « ... tout miel et tout sourire, comme un en-censoir à remerciement, baratineuse comme la plus noire des sorcières devant le meil-leur des curés saint-bernard, plus fausse que l'église Saint-Antoine de Longueuil à supposer que cette grand'bâtisse eût été construite en papier mâché » (p. 115). Par ail-leurs, il est tout aussi dans l'ordre, qu'au sortir de sa première enfance, Tinamer se dé-tourne de son père et se rapproche de sa mère, dont l'influence marquera ses années d'insouciance. Ainsi le comportement de Tinamer envers ses parents, qui peut facile-ment s'expliquer par un complexe d'Œdipe, nous est plutôt présenté comme le résul-tat de la situation de Léon et d'Etna devant la notion d'orientation domocentrique et ses corollaires. Tinamer se rapproche de l'un ou de l'autre selon qu'elle-même se soucie ou non de son orientation. C'est pourquoi, à vingt ans, ressentant la nécessité de s'orienter, elle revient vers son père dont elle parle bien davantage que de sa mère dans ce récit.

Un home britannique

Si Etna ne se rend jamais dans le bois enchanté auquel elle ne croit pas, plusieurs personnages s'y promènent parce qu'ils s'identifient au bon côté des choses, se souviennent de leur enfance et réussissent à s'orienter. Ces personnages sont doués de plusieurs natures. Ainsi en est-il de Monsieur Northrop, d'Hubert Robson et même du signor Pétroni. Allyre-Alexander Northrop, de son vrai nom, est celui qui, en 1913, a vendu la terre sur laquelle se trouve le bois enchanté au signor Pétroni, l'actuel propriétaire. La description que Tinamer nous en donne (p. 14) correspond tout à fait à celle d'un vieux gentleman anglais de l'époque victorienne, ou à celle d'un squatter anglais (p. 23). Si un tel homme a pu exister jadis, sa présence dans le bois, vers 1950, a de quoi surprendre. S'il est possible qu'il soit effectivement vivant, on peut imaginer aussi qu'il est mort, comme Hubert Robson, dont nous allons parler dans un instant. Une chose est certaine : en dépit de son âge très avancé, il parle comme si, pour lui, le temps s'était arrêté. Il vit dans l'attente du jour où les chênes qu'il a plantés seront assez grands « pour être réquisitionnés par la marine de Sa Majesté la reine Victoria » (p. 92). Il est donc un homme qui n'a jamais perdu la notion de son point de départ, de son enfance, vécue sous le règne de la reine Victoria. À preuve sa montre-boussole qu'il regarde sans cesse avec la plus grande satisfaction car elle oscille dans la direction de la Grande-Bretagne.

Cette fidélité à l'enfance et au point de départ à travers les années, à travers peut-être la mort, dote Monsieur Northrop d'une nature telle que nous ne sommes pas surpris d'apprendre que, dans son existence antérieure au pays des merveilles, il était le lapin qu'a suivi la petite Alice. C'est pourquoi il apparaît souvent donnant la main à

une petite fille blonde qu'il dit à Tinamer être « une manière de petite fée » (p. 93).
Monsieur Northrop est donc doublement relié à l'enfance, dans la mesure où lui-
même se souvient de la sienne, semblable en cela aux enfants anglais qui jouent aux
quatre coins au centre duquel se trouve le *home*, et dans la mesure où il accompagne la
petite fille blonde. Ainsi, chez lui, le côté merveilleux de sa nature l'emporte de beaucoup sur le côté réel : n'a d'importance pour lui que le temps passé, l'espace sacré que
constitue la Grande-Bretagne à l'époque de l'Empire.

Le prêtre et l'enfant

Il en va de même de Messire Hubert Rob-
son. Ce pauvre prêtre égaré, à la soutane déchirée, aux souliers boueux, a réellement
existé. Tinamer nous le présente tel qu'il est décrit dans *les Bois-Francs* de l'abbé
Charles-Édouard Mailhot (p. 154). Mais tout réalisme s'arrête lorsqu'on apprend
qu'il est mort en 1847. S'il est plausible que Tinamer l'aperçoive une première fois en
rêve — son père a très bien pu lui raconter l'histoire d'Hubert Robson — leur deuxième rencontre est présentée comme ayant vraiment eu lieu dans le petit bois situé
derrière la maison. Par la dimension la plus importante de sa personnalité, Hubert
Robson participe au monde du rêve, au bon côté des choses. Cela tient à sa fidélité à
l'enfance, représentée par la petite Mary Mahon. Tinamer dit de lui qu'il a « des yeux
d'enfant, d'un bleu limpide et profond » (p. 102), qu'il est un « homme amoureux des
enfants » (p. 105), et, à deux reprises, elle le définit comme « un homme si absolu » (p.
49 et 103). D'ailleurs, toute son activité se réduit à ses recherches, qui durent maintenant depuis un siècle et demi, pour retrouver la petite Mary Mahon et la sauver, ce
qu'il réussit tout à la fin du récit. Il a compris qu'il n'y a rien d'autre à aimer au monde
que les enfants.

Le soleil italien

Il n'est pas jusqu'au signor Pétroni, qui ne fait que deux brèves apparitions, dont la composition ne soit à relier à la notion d'orientation. Il est en effet remarquable que Pétroni soit associé au bois enchanté. Bien sûr, il en est le présent propriétaire qui voit avec plaisir les arpents, puis les pieds carrés de sa terre, prendre de la valeur avec les années. Mais la vraie raison pour laquelle il se promène lui aussi dans le bois c'est que « ce vieil Italien sagace et entêté dont le vin tournait au vinaigre » (p. 21) — ce qui est déjà un signe de fidélité aux coutumes natales — fait en vérité un « pèlerinage ». Léon parle de lui comme d'un « pèlerin solitaire » (p. 24) dont il porte d'ailleurs le bâton, sur lequel pisse avec bonne grâce Bélial pour lui conférer « le pouvoir magique d'assommer les maringouins en vol » (p. 24). Il serait facile de deviner le but de son pèlerinage si Tinamer ne nous l'indiquait elle-même : « Il faisait un temps magnifique, beau-sec et limpide, qui lui rappelait l'Italie » (p. 23). Ainsi, comme la Grande-Bretagne est le pays de l'enfance de Monsieur Northrop, l'Italie est celui du signor Pétroni vers lequel il retourne.

Les victimes du labyrinthe

Face à ces quelques personnages, exceptions qui confirment la règle, se dresse l'immense majorité des victimes du labyrinthe, que pourchasse la meute affamée des palefreniers du Minotaure. Toutes ces victimes sont, à leur manière, des enfants aliénés, des gens qui, emportés dans le tourbillon infernal de la vie moderne, ont oublié ce qu'ils étaient et ne s'en souviendront plus jamais. Tous ces gens, irrémédiablement perdus, à jamais condamnés à vivre du mauvais côté des choses sans avoir, comme refuge, le souvenir du milieu natal, ne participent pas au monde merveilleux du bois enchanté. Tous, ils sont décrits dans leur plate réalité. Au contraire des personnages associés au bon côté des choses, ils n'ont qu'une personnalité, celle qu'ils promènent quotidiennement à leur travail.

Le cas de Coco Jean-Louis Maurice est, à cet égard, très intéressant. Tant et aussi longtemps qu'il n'est pas pris en charge par Léon, il n'est qu'un enfant aliéné comme les autres, aveugle, n'y voyant goutte dans cet « univers impénétrable, abscons et tragique » (p. 139). Il répond alors au nom aliéné de Coco. Mais dès le moment où Léon s'intéresse à son salut, en lui remettant les deux clés du ciel et de l'enfer, Coco devient peu à peu Jean-Louis Maurice. Il commence à voir avec ses doigts, c'est à son tour de guider Léon dans les couloirs du Mont-Thabor où autrefois il était aussi perdu que dans un labyrinthe, assis dans le petit train *nowhere* :

> « Coco, mon vieux Coco, quand cette recherche te rebutera, quand tu rentreras en toi-même, décidé à n'en plus sortir, malade au point de ne plus vouloir guérir, alors n'oublie pas, dis aux gardes de m'appeler ; je viendrai et je te les donnerai, cette fois, les deux clefs ; elles seront à toi, à toi tout seul. Et puis, comme dans un rêve, tu te lèveras de ton lit, tu ne pourras plus te perdre dans les couloirs du Mont-Thabor, tu marcheras comme si tu y voyais... » (p. 130).

Lorsqu'à la fin de son récit Tinamer aperçoit une dernière fois Jean-Louis Maurice, cette fois définitivement sauvé, parce que Léon lui a donné le bois enchanté, le milieu natal qui lui manquait, symboliquement il apparaît pour la première fois dans sa deuxième nature, celle qui le relie au monde merveilleux du bon côté des choses : « Ce fut alors que Jean-Louis Maurice, le jeune aveugle, le petit ami de Léon de Portanqueu, Jean-Louis Maurice, mon remplaçant, s'est détaché du groupe, s'avançant lentement jusqu'à la lisière du bois. Je me suis dit Tinamer, voici l'ange qui montera la garde. Il tenait à la main un glaive de lumière qui tellement était éblouissant... » (p. 162-163). Il est cet ange qui se dresse à la porte du paradis perdu de l'enfance dont Tinamer, comme autrefois Adam et Ève, est désormais chassée.

Conclusion: le couple adulte-enfant

Au terme de cette étude de la composition des personnages, quelques conclusions générales se dégagent. La plus importante est certainement celle qui nous amène à affirmer que tous les personnages associés au bon côté des choses sont en quelque sorte des doubles les uns des autres, comme s'il n'y avait, à travers les générations et les siècles, qu'un seul personnage. Tous suivent un même itinéraire qui est celui du retour à l'enfance, au point de départ, la boucle se refermant sur elle-même. Cette forme circulaire s'oppose à la ligne droite ou brisée, mais dans tous les cas jamais circulaire, que suivent les personnages associés au mauvais côté des choses, qui vont droit leur chemin sans se retourner, perdus dans le labyrinthe urbain ou, comme les enfants aliénés, égarés pour l'éternité dans les couloirs du Mont-Thabor.

Tinamer, écrivant le récit de sa première enfance, revient à son point de départ ; ce faisant, elle retrouve, après s'être détournée de lui pendant plusieurs années, Léon, son père, personnage clé de son enfance : « ... Il fallait passer par là sans doute, aller chacun de son côté jusqu'au détour qui nous remettrait de nouveau face à face, dans une autre amitié » (p. 127). Fabulant de la sorte, elle s'inscrit non seulement à la suite de son père mais de tous les Ferron-de Portanqueu, donnant regain à son tour au vieil héritage. De plus, les souvenirs qu'elle garde indiquent l'existence du même itinéraire de retour dans le bois enchanté de son enfance. Tous les sentiers ramènent à la maison, comme, dans son rêve, Tinamer réussit à revenir là où elle était partie. Toute l'aventure de Tinamer, adulte ou enfant, décrit donc sans cesse le même cercle.

C'est exactement le même voyage que fait Léon, évoquant par la mémoire le comté de Maskinongé de son enfance, se rappelant la nuit de l'incendie de l'église, remontant même, grâce à la bible familiale, jusqu'aux origines du monde. Léon dessine ainsi le même cercle que longtemps avant lui avait décrit l'ancêtre Jean Ferron, qui, après avoir pendant plusieurs années couru l'aventure, était un jour revenu à son point de départ : « Ce fut ainsi que le troisième frère, celui de l'aventure, resta parmi les siens et mourut à Saint-Léon-en-Maskinongé, y rapportant et fixant le centre du monde » (p. 82). Ainsi en va-t-il des personnages qui hantent le bois enchanté de Tinamer :

Monsieur Northrop est tout entier tourné vers son existence antérieure au pays des merveilles de Lewis Carroll et de l'époque victorienne, *home* au centre du jeu des quatre coins, comme le signor Pétroni accomplit son pèlerinage vers l'Italie, comme Messire Hubert Robson recherche sans jamais désespérer la petite Mary Mahon qu'il finira par trouver.

Cette règle du retour et de l'orientation explique la présence de nombreux couples, formés d'un adulte et d'un enfant, qui sont des doubles les uns des autres. On comprend facilement qu'un adulte, qui a saisi l'importance du point de départ qu'est l'enfance dans le processus de l'orientation, s'intéresse aux enfants.

Le couple le plus important est évidemment composé de Léon et de Tinamer ; l'adulte s'efforce de sauver l'enfant du mauvais côté des choses qui le cerne de toutes parts et, grâce à la présence à ses côtés de l'enfant, il garde toujours à l'esprit la notion de sa propre enfance. C'est pourquoi, Tinamer s'étant détournée de lui à la fin de sa première enfance, Léon reforme le couple en s'associant à Jean-Louis Maurice, le « remplaçant » de Tinamer (p. 163). À son tour, lorsqu'elle franchit le seuil de l'âge adulte et qu'elle pense à rejoindre comme son père le Mont-Thabor pour s'occuper des enfants aliénés, Tinamer participe de nouveau au couple sacré, cette fois à titre d'adulte. Les couples formés d'Hubert Robson et de Mary Mahon, et de Monsieur Northrop et de la petite fille blonde aux yeux verts — qui peut être l'Alice du *Pays des merveilles,* ou Mary Mahon elle-même puisque, en la rencontrant, Hubert Robson tombe à genoux devant elle — ont même valeur et signification que les couples précédents. Toujours le cercle se reforme de l'âge adulte vers l'enfance dont l'image du couple adulte-enfant donne le plus parfait symbole.

chapitre 5

La structure du récit

J'aborde dans ce dernier chapitre, le plus important, l'analyse de la structure du récit en tant que forme significative. *L'Amélanchier,* cela ne fait aucun doute, est un récit littéraire, c'est-à-dire composé de telle façon qu'il produit un effet sur le lecteur. Tinamer dit les choses d'une manière fort différente de la manière commune. C'est en quelque sorte l'analyse de la syntaxe du récit que je me propose d'étudier ici. Cette forme du récit, que je vais m'efforcer de mettre en lumière, a pour fonction de signifier la notion fondamentale d'orientation.

Une première lecture fait déjà ressortir que le récit de Tinamer, pris dans sa totalité, n'est pas un. On remarque deux formes de récit, différentes pour ne pas dire opposées, et qui correspondent à la matière, au contenu. La première, la moins intéressante, est utilisée par Tinamer pour décrire ses années d'insouciance. Cette partie contient, outre les deux premiers paragraphes du livre, les deux derniers chapitres. Pour être beaucoup plus courte, cette partie porte cependant sur un nombre d'années bien supérieur. Nous retrouvons ici la division en parties inégales que nous avons déjà soulignée, notamment dans les pages consacrées à la structure du temps. Cette forme du récit, que Tinamer utilise pour décrire les années écoulées et les événements survenus entre la sortie de sa première enfance et ses vingt ans actuels, traduit la perte de l'identité et la disparition du merveilleux qui ont caractérisé le passage de Tinamer au mauvais côté des choses. Le récit est alors marqué au coin du réalisme, du linéaire, et est régi par l'ordre logique et chronologique. Le récit avance alors sans aucune surprise. Nul doute que si tout *l'Amélanchier* était écrit de la sorte, rien ne distinguerait ce récit des autres récits. Cela ne veut pas dire que cette partie du récit est inutile ou superflue et qu'elle pourrait être supprimée. Bien au contraire, elle est importante dans la mesure où elle sert de repoussoir au reste du récit, consacré à la première enfance de Tinamer. De plus, comme nous venons de le dire, elle signifie, par son caractère linéaire, l'isolement, l'absurdité, l'égarement de l'âge adulte lorsque celui-ci a perdu de vue son point de départ.

Le cercle refermé

Les deux premiers paragraphes de *l'Amélanchier* servent d'introduction au récit de la première enfance de Tinamer. Ils nous précisent, d'entrée de jeu, qui est la narratrice et comment elle est aussi l'héroïne. Ils nous indiquent le sujet du récit et le but poursuivi. Ces deux paragraphes, écrits en grande partie dans la perspective de la narratrice au seuil de l'âge adulte, peuvent sembler en dehors du récit de la première enfance qui commence au troisième paragraphe : « Il y avait par derrière la maison ... » (p. 10). Cependant, au début du chapitre onzième, nous entendons à nouveau la même voix, celle de la narratrice : « Cela devait arriver, oui mais, tenant en main le fil du temps, rien ne me pressait d'y arriver ; au contraire, la composition de ce livre, l'art du récit me commandaient plutôt de différer ce détachement jusqu'aux dernières pages, puisque c'est lui qui clôt la première saison de ma vie, dont je m'étais donnée les années pour sujet ... » (p. 127). La presque totalité de ce chapitre onzième est consacrée à l'histoire de Jean-Louis Maurice, mais les deux dernières pages nous ramènent à la Tinamer de vingt ans (« Je me souviens à présent... ») et à la Tinamer des années d'insouciance (« Plus tard, beaucoup plus tard, nous étions déjà détournés l'un de l'autre ... »).

Mais c'est surtout dans les deux derniers chapitres, douzième et treizième, que se manifeste la narratrice adulte, lorsqu'elle parle de sa situation présente, qu'elle dévoile ses sources, qu'elle révèle, par la notion d'orientation domocentrique, le sens de son récit et celui de tous les personnages que nous avons rencontrés. Les choses sont dites ici de façon claire et directe. Ainsi aux deux premiers paragraphes du chapitre premier répondent les deux derniers chapitres, en une sorte d'enveloppe extérieure de tout le récit, qui correspond à la situation présente de Tinamer. L'intérieur est par ailleurs occupé par le passé, qui se trouve ainsi inclus dans le présent, permettant donc l'orientation de Tinamer. De plus, le récit se refermant de la sorte sur lui-même, les deux derniers chapitres renvoyant aux deux premiers paragraphes, la fin du récit entraînant le début — songeons au moment où Tinamer nous dit que, cernée par les ténèbres de la mort qui approche, et malgré le fil tendu de sa vie qui la tire vers l'avant, elle s'est retournée et a aperçu le paradis déjà perdu de son enfance (p. 161–163) — nous découvrons que la structure extérieure du récit est celle d'un cercle se refermant sur lui-même, image parfaite du retour au point de départ. D'ailleurs, Tinamer reprend symboliquement au chapitre douzième, en le développant, le deuxième paragraphe du récit où il avait été question pour la première fois de l'importance du point d'origine.

Après avoir ainsi précisé la structure extérieure du récit, nous allons maintenant analyser un à un les chapitres consacrés à la première enfance de Tinamer, en nous efforçant d'en préciser la composition et la façon avec laquelle chacun s'insère dans la structure d'ensemble.

Chapitre premier. — Les deux premiers paragraphes servent d'introduction à tout le récit et, à ce titre, ne font pas partie du récit de la première enfance de Tinamer. Cela ne veut pas dire, comme nous allons le montrer, qu'il n'y a aucun lien entre ces deux paragraphes et le reste du chapitre. Il reste que le récit proprement dit commence au troisième paragraphe par la phrase à valeur initiatique (« Il y avait par derrière la maison ... ») qui équivaut au « Il était une fois » placé au début des contes.

La structure du chapitre est caractérisée par l'alternance de deux séquences, l'une plus développée que l'autre, mais qui en reçoit sa signification. La séquence principale est constituée par le récit des promenades que font au printemps et en automne, dans le bois enchanté, Tinamer et son père. Le récit de leurs promenades est fait à la fois de façon logique et chronologique. Tinamer nous décrit tout d'abord le bois enchanté et les arbres qui y habitent. Cette description est la suite logique de la phrase du premier paragraphe où elle nous avait prévenus que son enfance subsistait autant par sa .mé-

La mise en abyme dans l'Amélanchier

« On part de soi, on débouche sur le confinement de la maison, première mémoire de l'enfance, mickouam enfumé et doucereux, on passe à des environnements plus limpides, à des espaces de

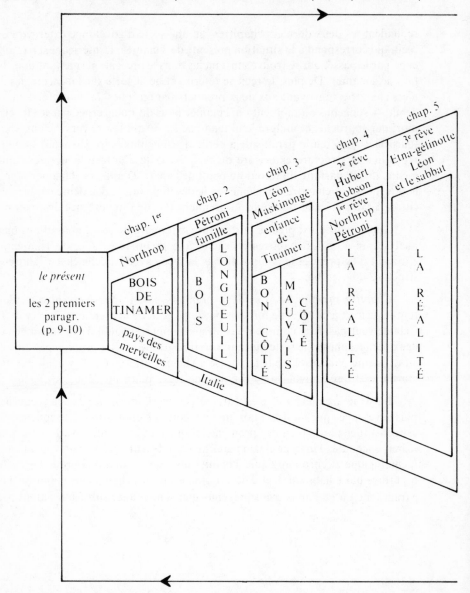

plus en plus vastes qui, en inventant le monde, approfondissent le temps ; de sa naissance on tombe à l'origine de ses familles, après le déluge de l'Atlantique, et l'on repart de Yamachiche qui, vers l'est, empiète sur le comté de Maskinongé » (p. 77).

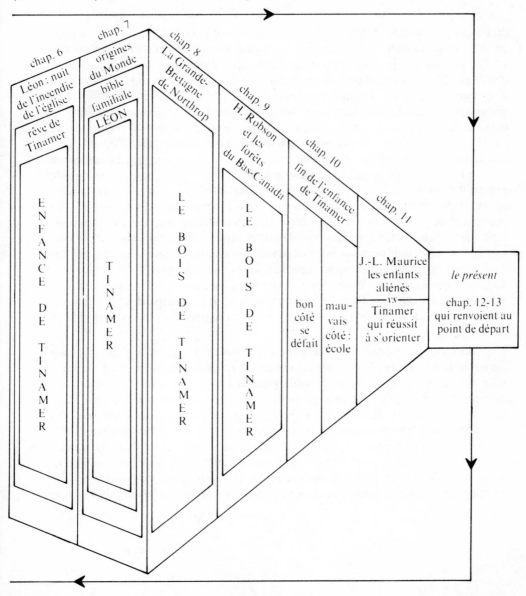

moire que par « la topographie des lieux » où elle l'avait passée. Elle s'attache ensuite à un arbre en particulier, l'amélanchier, et à son aspect au printemps et en automne (p. 11-12). Elle élabore la description précédemment commencée des arbres du bois enchanté (p. 12-14). Cependant la description du bois et des arbres, tels que les voient, dans leurs promenades, Tinamer et Léon, est interrompue à plusieurs reprises par la présence d'un vieil Anglais du nom de Northrop. Nous l'apercevons une première fois regarder sa montre avec satisfaction, description développée ensuite longuement (p. 14-16). La raison de ce contrepoint éclate lorsque Tinamer nous dit qu'il hante peut-être le bois, l'ayant habité « aux temps ensoleillés de son enfance » (p. 14), et surtout lorsque Léon lui explique qu'il regarde sa montre par souci d'orientation, pour garder présent à sa mémoire le souvenir « de son existence antérieure au pays des merveilles » (p. 18) et de son enfance en Grande-Bretagne. Si ces deux séquences ne sont pas simplement placées l'une à la suite de l'autre, mais au contraire alternent en contrepoint, c'est que l'auteur veut montrer les ressemblances entre les itinéraires que suivent Tinamer et Northrop, tous deux soucieux de se souvenir de leur enfance, Tinamer en décrivant le bois enchanté, Northrop en regardant sans cesse sa montre. La notion de point de départ, présente dans le deuxième paragraphe, est ainsi mise en lumière dans la suite du premier chapitre. Cette logique apparente ne doit pas cependant faire illusion, tout l'art de l'auteur consistant à donner une forme logique à ce qui ne l'est pas toujours.

Ainsi, dans ce premier chapitre, l'alternance des deux séquences nous amène à en découvrir la structure profonde, qui est une construction en abyme, ce qui constitue un rejet non équivoque de la réalité chronologique et linéaire. En effet, ce chapitre nous présente une jeune fille, Tinamer, remontant par l'écriture aux lieux de son enfance qu'elle nous peint. Or, décrivant le bois enchanté de son enfance, elle est amenée à parler de Monsieur Northrop, qui est lui aussi occupé à se souvenir de son enfance. L'aventure de Northrop est ainsi placée en abyme de celle de Tinamer. Notons que cette mise en abyme épouse parfaitement la démarche même des deux personnages, qui s'enfoncent de plus en plus loin dans le passé. En outre, pour nous lecteurs, la vérité ne pourra être découverte que dans la mesure où nous établirons des liens entre les

différentes séquences, et surtout dans la mesure où nous pourrons faire les rapprochements qui s'imposent entre des passages souvent éloignés — l'auteur nous aidera en
reprenant les mêmes phrases et expressions — c'est-à-dire où nous pourrons, comme
les personnages, nous souvenir du passé. Nous en avons un exemple ici avec les deux
premiers paragraphes qui sont développés. Plus le roman avancera, plus de tels exemples se multiplieront. Ainsi nous devons nous-mêmes continuellement revenir en arrière, ne jamais perdre la notion de ce que nous avons lu, retournant nous aussi au
point de départ, si nous voulons découvrir la vérité qui ne peut être saisie que dans sa
profondeur.

Chapitre deuxième. — Ce chapitre qui débute avec la description de la famille de Tinamer, composée de celles de Léon et d'Etna, est relié au chapitre précédent de plusieurs façons. Le premier chapitre nous a montré Tinamer se promenant au bois avec
son père. Le second commence par ces mots : « Par mon père, le précité Léon de Portanqueu, esquire, j'appartiens à une célèbre famille... » (p. 19). Léon sert donc de lien
entre les deux chapitres. Mais de plus, cette première page est le développement de la
phrase suivante tirée du premier paragraphe du récit : « Fin causeur et fils de cultivateur, il se nommait Léon, Léon de Portanqueu, esquire, et ma mère, ma douce et tendre mère, Etna. Je suis leur fille unique » (p. 9). Ce lien est d'autant plus intéressant
qu'il marque un retour plus poussé dans le passé. Tinamer, ayant commencé de parler
de son enfance, puis de son père, se voit maintenant obligée de parler de la famille de
son père, originaire du comté de Maskinongé, et de sa mère, née dans le quartier Hochelaga. Suit une description de la ville de Longueuil, avant et après l'arrivée du progrès qui s'enchaîne, en s'y opposant, à la présentation du bois enchanté au chapitre
précédent.

Le récit de la rencontre avec le signor Pétroni (p. 21–24) est lié à ce qui précède de
plusieurs façons. La description de Longueuil se terminait par la phrase : « il nous restait en arrière les aises du jardin, le refuge du boisé profond » (p. 21). Or Monsieur Pétroni est le propriétaire du bois dont il est d'ailleurs question dans la conversation entre lui et Léon. Ainsi est développée la description du bois commencée au chapitre pre-

mier : nous apprenons ici qu'il a en quelque sorte une double nature, à la fois réelle et merveilleuse. D'autre part, est évoquée brièvement l'existence de Monsieur Northrop (p. 23), dont nous apprenons la véritable identité : il est l'ancien propriétaire du bois. Ce rappel de Monsieur Northrop, dont on a vu qu'il avait à cœur de ne jamais perdre le nord, a aussi pour fonction de nous aider à comprendre le sens de la promenade de Pétroni qui, comme le vieil Anglais, est un pèlerin solitaire en route vers son pays natal. Le chapitre se termine avec le retour à la maison de Tinamer et de son père, où sont rapidement évoquées les relations Etna-Léon, et surtout où Tinamer affirme que son père a divisé le monde « en deux unités franches et distinctes » (p. 26).

Ainsi tout le chapitre avance dans un ordre parfait, chaque épisode s'enchaînant au précédent et annonçant le suivant. Ce caractère linéaire du récit n'est cependant qu'apparent, les différents épisodes demandant, pour être compris, à être rapprochés d'autres qui ne les précèdent pas immédiatement, comme certains éléments, qui semblent gratuits ou sans signification à une première lecture, annoncent des épisodes qui ne seront développés que beaucoup plus loin. Ainsi en est-il, dans ce chapitre deuxième, des poules, des bécasses et des perdrix à qui Pétroni doit payer passage, que nous retrouverons plus loin dans le rêve de Tinamer, et de l'affirmation selon laquelle Léon couche dans le même lit qu'Etna « incestueusement » (p. 25), qu'il nous est impossible de comprendre à ce stade-ci du récit. De plus, la révélation par Tinamer, à la toute fin du chapitre, du partage du monde par Léon en deux unités, nous force à relire tout le chapitre pour y découvrir partout présent le dualisme en question : dualisme de la famille de Tinamer, formée de celle de Léon et de celle d'Etna, dualisme du décor, dualisme de la personnalité des différents personnages, dualisme omniprésent qui donne de la réalité une image non pas linéaire mais double.

Chapitre troisième. — Ce chapitre est la suite logique du chapitre deuxième qui se terminait par la révélation du partage en un bon et un mauvais côté des choses : Tinamer nous parle en effet du bon côté des choses. Mais l'on s'aperçoit rapidement que la réalité décrite n'est rien moins que linéaire. La lune, véritable miroir, est une mise en abyme de la terre, divisée comme elle en un bon et un mauvais côté, que représentent sa face apparente et sa face cachée (p. 27). De plus, le bon côté des choses se scinde à son tour en deux, partagé entre le bois enchanté et le comté de Maskinongé. Tinamer nous avait déjà signalé que son père appartenait « à une célèbre famille du comté de Maskinongé » ; ce passage est quelque peu développé ici, avant de l'être davantage plus loin. En se rappelant les lieux de son enfance, Tinamer en arrive à évoquer le pays natal de son père, le comté de Maskinongé étant mis en abyme par rapport au bois enchanté. On voit comment, dans ce paragraphe d'allure toute simple et logique, l'auteur excelle à décrire une réalité toute en profondeur. La longue description du mauvais côté des choses (p. 28–31) suit logiquement celle du bon côté. Pour en bien saisir tout le sens, encore faut-il se rappeler qu'elle complète une première description faite au chapitre deuxième (p. 20-21), et surtout, grâce à l'image du labyrinthe, qu'elle est à rapprocher de la notion d'orientation dont il a été question au chapitre premier.

Tinamer nous parle ensuite du travail de son père qu'elle imagine voleur (p. 31-32). Cet épisode est à la fois lié à la description du mauvais côté des choses, puisque le travail de Léon exige qu'il s'y rende, mais aussi à la fin du chapitre deuxième où Tinamer écrit que seul son père avait accès au mauvais côté des choses : « Lui seul ne le craignait pas. Quand il s'y trouvait je l'admirais ; quand il nous revenait, je ne faisais que l'aimer comme une grande bête affectueuse et répugnante » (p. 26). C'est ce rapprochement qui justifie le « Ainsi donc... » (p. 31). Notons aussi comment cet épisode, pour être compris, demande que le lecteur retourne en arrière, et comment, plus loin dans le récit, il nous faudra y revenir pour expliquer un épisode qui lui est postérieur. Tinamer consacre ensuite quelques pages (p. 32–35) à la vie à la maison lorsque Léon ne travaille pas. Cet épisode suit de façon logique le précédent, qui parlait du travail de Léon. De la même manière que le précédent, il se rattache donc aussi à la fin du chapitre deuxième ; l'auteur souligne ce rapprochement en utilisant la même expression aux deux endroits : « quand il nous revenait ... » (p. 26 et 32), comme, à la page suivante (p. 33), il reprend de même l'expression « grande bête affectueuse et répugnante ». Ce même épisode ajoute à notre connaissance du bon et du mauvais côté des choses puisque, selon que Léon travaille ou non, la maison penche du mauvais ou du bon côté. Mais surtout ces pages, où il est dit qu'à la maison Léon se met à poil, pareil à un grand singe, et où sont évoquées les relations Etna-Léon, Tinamer-Etna et Tinamer-

Léon, sont à rapprocher du passage du chapitre deuxième (p. 25) où Tinamer nous avait décrit son père marchant les doigts de pieds écarquillés d'un air appliqué et couchant « incestueusement » avec sa mère.

Le chapitre se termine par un paragraphe d'une grande importance, qui commence par « Le soir venu ... ». De quel soir s'agit-il ? nous ne le savons pas. Ce que nous savons, c'est qu'il s'agit d'un soir de pleine lune et que Léon la regarde à l'aide de son télescope. Cet épisode est à rapprocher de l'épisode du même chapitre où nous avons vu Léon regarder la lune qui réfléchissait le bon côté des choses dans sa dualité, partagé entre le bois enchanté et le comté de Maskinongé. Ainsi tout le chapitre troisième se trouve en quelque sorte enveloppé par cette scène où Léon regarde la lune au télescope, c'est-à-dire remonte au comté de Maskinongé de son enfance. Tout l'intérieur du chapitre est occupé par l'évocation de l'enfance de Tinamer et de son milieu natal qui sont mis en abyme par rapport à l'enfance et au milieu natal de Léon. Se souvenant de son enfance, Tinamer se souvient de son père qui se souvient de son enfance. La réalité n'est donc jamais simple et linéaire, mais au contraire toute en relief et en profondeur, comme en témoigne cette phrase sur laquelle se termine le chapitre : « Il avait fini d'ajuster ses lentilles et voyait à présent la mer des Tranquillités, le bois, le jardin et à côté de lui-même, sa petite fille muette, les pieds dans la rosée » (p. 35). La lune, véritable miroir, projette la réalité dans un monde multidimensionnel.

Chapitre quatrième. — Ce chapitre apparaît tout d'abord comme la suite chronologique du précédent : « Il se faisait tard, la lune continuait de refroidir la soirée » (p. 37). Cependant, lorsque Tinamer nous confie sa crainte de retomber dans le noir de la nuit et de tout oublier, nous comprenons que la véritable liaison n'est pas chronologique mais qu'elle tient plutôt à la notion de mémoire, présente dès la première page du récit. La scène ici décrite — Tinamer qui oublie la veille pendant son sommeil de la nuit — est analogue à sa situation au moment où elle écrit le récit de son enfance. C'est donc dire que pour comprendre la signification profonde de ce passage il nous faut, nous aussi, ne pas oublier ce que nous avons lu dans les toutes premières pages du récit ; nous devons, comme Tinamer, entraîner notre mémoire, si nous ne voulons pas être perdus au milieu d'un récit où nous ne verrons pas plus clair que Tinamer dans la nuit. Le récit se poursuit de façon chronologique, Tinamer, portée dans son lit par Léon, s'endort et oublie tout. Le lendemain matin, Tinamer se désole de l'impuissance de sa mémoire à traverser la nuit, mais découvre peu à peu qu'elle est en train de naître. Notons qu'au simple lien chronologique s'ajoute la notion de mémoire dont la naissance est mise en parallèle avec le dualisme dont Tinamer a déjà parlé à plusieurs reprises : « depuis hier au soir la maison penche du bon côté des choses... » (p. 42). Ainsi sont unies les deux notions de mémoire et de dualisme, c'est-à-dire la nécessité, pour s'orienter, de voir dans la réalité autre chose qu'un triste alignement d'événements. La vérité doit plutôt être cherchée du côté de l'éclatement de la réalité, dans le rêve et la croyance au merveilleux, comme le fait Léon (p. 40). C'est pourquoi, ce matin-là, Tinamer sort au jardin et, encouragée par son père, attend l'apparition du loriot, le Saint-Esprit du mois de mai (p. 44), convaincue, comme le dit Léon, que les pissenlits ont fleuri par enchantement et qu'il s'agit là d'un miracle. Déjà elle ne considère plus la réalité comme Etna, c'est-à-dire dans son unique dimension linéaire. Il n'y a pas pour elle de frontière entre le rêve et la réalité.

C'est pourquoi, dans le récit, le passage n'est pas marqué de la réalité au rêve. Au moment où Etna reproche à Léon sa paresse, Tinamer s'endort : « Je n'eus pas le temps de réfléchir au sens de ses paroles : Monsieur Northrop, venu je ne sais comment, était là devant moi, à l'orée du bois ... » (p. 45). Ce n'est que peu à peu que nous allons nous rendre compte qu'il s'agit d'un rêve. Le rêve n'est cependant pas présenté comme une évasion de la réalité mais comme une occasion privilégiée de la comprendre. Le rêve apparaît comme le prolongement de la réalité, puisqu'on y retrouve des choses et des personnages connus. Ainsi, dans son rêve, Tinamer se promène dans le bois enchanté, aperçoit un amélanchier, « le plus grand que j'eusse jamais vu » (p. 46-47). Elle rencontre aussi Monsieur Northrop, déjà entrevu, cette fois accompagné d'une petite fille blonde que nous ne connaissions pas : le rêve ajoute donc à la réalité. Même chose pour le signor Pétroni que Tinamer voit émietter le pain qu'elle et son père lui ont donné l'automne précédent (p. 47). Cette scène est la suite de celle où Pétroni était rentré dans le bois après sa conversation avec Léon : « Le bâton à la main, comme il était venu, il s'en retourna cette fois définitivement » (p. 24). Cette complexité et cette richesse du rêve, par rapport à la réalité, sont d'ailleurs rendues encore plus évidentes par le fait que dans le premier rêve de Tinamer est inclus un deuxième rêve. Après sa rencontre avec Northrop et Pétroni, elle écrit en effet : « Je dus dormir quelque temps. Lorsque je m'éveillai, un bel homme à la physionomie inquiète, contrastée, le menton carré, l'air résolu, les yeux bleus, le visage émacié, un homme que j'avais jamais vu, était penché sur moi, à genoux » (p. 48).

Quelques remarques s'imposent ici. Tout d'abord le fait que le rêve permet de rencontrer des personnages qu'il ne serait pas possible de rencontrer dans la réalité, comme cet Hubert Robson. Ensuite, l'auteur nous donne des indices qui nous permettent de rapprocher ce prêtre égaré de Monsieur Northrop, de la même manière que nous savons maintenant que Northrop et Pétroni sont deux pèlerins occupés, l'un par l'Angleterre, l'autre par l'Italie. En effet, Hubert Robson confie à Tinamer qu'il recherche une petite fille aux longs cheveux blonds et aux yeux verts (p. 48). Or, c'est précisément le signalement de la petite amie de Monsieur Northrop, que Tinamer a aperçue au début de son rêve (p. 45). Ainsi le rêve, par la liberté qu'il implique, permet de rapprocher des personnages et des aventures qui, autrement, risqueraient de rester isolés. Le rêve fait éclater le temps et l'espace linéaires, donne de la réalité une image en profondeur, ce que symbolise la double construction en abyme du rêve de Tinamer. Nous avons vu comment, à l'intérieur du premier rêve de Tinamer, lui même mis en abyme par rapport à la réalité, s'en cachait un deuxième, nouvel approfondissement de la réalité qui lui permettait de rencontrer Hubert Robson, mort il y a plus d'un siècle. Cela n'est pas suffisant cependant puisque le chapitre se termine sur un nouveau rêve, mis en abyme par rapport au deuxième : « De nouveau je m'endormis et me réveillai au milieu de la nuit » (p. 50).

Chapitre cinquième. — Ce chapitre s'enchaîne logiquement et chronologiquement avec la fin du précédent. Le lecteur peut s'étonner de ce passage sans raison apparente d'un chapitre à un autre, de cette coupure dans le récit. Encore une fois, sous les dehors d'une syntaxe tout à fait logique, se dissimule, avec ce nouveau rêve, le troisième de Tinamer, un nouvel approfondissement de la réalité. Cette nouvelle mise en abyme est d'autant plus intéressante que Tinamer se retrouve dans son rêve, assise dans une clairière, dans la position exacte où elle est dans la réalité, agenouillée dans le gazon du jardin familial. Le rêve et la réalité sont ainsi rapprochés de façon non équivoque. Le rêve, loin d'être pure fantaisie, constitue une mise en abyme de la réalité. C'est pourquoi, Tinamer, narratrice, prend un instant la parole pour souligner l'importance de l'enfance, « une aventure intellectuelle où seules importent la conquête et la sauvegarde de l'identité » (p. 51), et insiste sur la nécessité pour chacun de se sauver lui-même. Le rêve de Tinamer est ainsi la mise en abyme de sa situation dans sa première enfance, comme de sa situation présente : dans tous les cas, elle doit retrouver son chemin, s'orienter. On comprend mieux pourquoi, dans ses deux premiers rêves, Tinamer a rencontré Northrop, Pétroni et Robson : tous ces gens se définissent en fonction de l'enfance et de l'orientation. Dans son rêve, comme dans la réalité, Tinamer doit traverser la nuit pour se sauver :

> « Mon appréhension tenait au fait que par mon âge je n'étais pas de force à traverser la nuit et qu'en me retrouvant, le lendemain matin, dans les lieux inconnus, je risquais de ne pas me retrouver, devenue une petite fille sans nom et sans raison. Je devais me sauver à tout prix, retourner à la maison, dans les lieux familiers qui constituaient la mémoire extérieure par laquelle, chaque jour, je triomphais de la nuit et redevenais moi-même » (p. 51-52).

Ce passage rappelle la scène du matin (p. 37-39) où Tinamer s'est affligée de sa mémoire en des termes à peu près identiques. Le récit des aventures que vit Tinamer dans son rêve ne pose pas de difficulté, encore qu'il oblige le lecteur, en cela semblable à Tinamer, à exercer sa mémoire s'il veut comprendre la signification de ce qui est dit. L'épisode où Tinamer entre dans un petit pavillon, s'attable et mange, sans grand profit, puisqu'elle rapetisse (p. 52-54), est la réplique du début d'*Alice au pays des merveilles* de Lewis Carroll : comme Alice, grâce au rêve, Tinamer va découvrir le sens de la réalité. L'épisode suivant, où elle est capturée par des poules, complète la scène de son premier rêve dans laquelle elle avait aperçu le signor Pétroni émiettant son quignon de pain pour les poules et les coqs « qui ne se montraient pas » (p. 47), comme on reconnaît sa mère dans la châtelaine-gélinotte qui répond au nom d'Etna. Lorsque Tinamer, à cheval sur un manche à balai, arrive au milieu d'une assemblée tumultueuse présidée par Léon, nous ignorons, pour l'instant, la signification de cette scène, parce que nous ne pouvons nous souvenir d'une scène semblable à qui elle répondrait. Il nous faudra cependant nous rappeler cette scène lorsque Tinamer parlera du travail de son père, geôlier au Mont-Thabor. La fin du rêve de Tinamer nous force à retourner à son début (p. 45), Tinamer ne nous indiquant qu'à la fin que tout ce que nous venons de lire se passait en rêve : « Me serais-je endormie au début de mon rêve, au moment où Monsieur Northrop et la petite fille aux cheveux blonds me sont apparus à l'orée du bois ? » (p. 62). Ainsi le rêve, qui est mis en abyme par rapport à tout le récit, nous ramène-t-il à son début, au point de départ, de la même manière que les chapitres douzième et treizième renvoient à la toute première page du récit.

Chapitre sixième. — Le comté de Maskinongé sert de lien entre les chapitres cinquième et sixième. Au sortir de son rêve, Tinamer a dit à son père qu'elle était allée « aussi loin que dans le comté de Maskinongé » (p. 62). Or, c'est dans ce comté que le petit Léon a vécu son enfance. Cependant, en dépit de ce lien, le chapitre sixième n'est pas la continuation linéaire du chapitre précédent. Il y a tout d'abord brisure au niveau du point de vue, comme nous l'avons montré, Léon se substituant ici à sa fille comme narrateur. Le récit de l'enfance de Léon marque en outre un recul important dans le passé. Ce récit répond aussi à une scène du chapitre troisième où Léon avait promis à Tinamer de l'amener un jour dans le comté de son enfance (p. 27-28). Enfin, et surtout, le chapitre sixième, véritable conte dans le conte, comme le rêve de Tinamer, mais avec en plus l'apparition d'un deuxième conteur, met en abyme l'enfance de Tinamer par rapport à celle de son père. La situation dans laquelle se trouve Léon enfant est en tout point semblable à celle de la petite Tinamer. Le passage où Léon décrit l'impuissance de sa mémoire (p. 65-67) rappelle, en les développant, ceux dont nous avons parlé précédemment (p. 51-52 et 37-39). Il n'est donc pas surprenant, à la fin du chapitre, d'entendre Tinamer rapprocher son rêve et le récit de son père (p. 71). Reprenant à son compte la conclusion de Léon à sa nuit de l'incendie de l'église — « Je venais tout simplement d'entrevoir la possibilité de me libérer de mes parents » (p. 70) —, elle écrit : « Chose certaine je n'étais pas loin de me réunir à moi-même et de me libérer d'autant de lui et de ma mère Etna... » (p. 71). La fin du chapitre sixième ressemble d'ailleurs symboliquement à celle du chapitre précédent : même allusion aux maringouins qui interdisent l'entrée du bois (p. 62 et 71), même annonce du chapitre suivant, le comté de Maskinongé (p. 62), la bible familiale (p. 71). Notons aussi comment le récit de Léon sur les enfants aliénés (p. 67-68) s'intègre à la fois aux notions de l'identité et de la mémoire dont il est ici question, et annonce les pages dans lesquelles Tinamer nous parlera du travail de son père.

Chapitre septième. — Ainsi ce chapitre est-il parfaitement lié, logiquement et chronologiquement, au précédent, Léon ayant promis à sa fille de commencer, le lendemain, sa formation religieuse par la lecture de la bible familiale (p. 71). Mais en fait, comme c'était le cas au début du chapitre sixième, il s'agit ici d'un enfoncement dans un passé plus éloigné, qui nous fait remonter jusqu'aux origines du monde. De plus, la bible des de Portanqueu, conte dans le conte, constitue une nouvelle mise en abyme, dans la mesure où la légende des trois frères, qui en forme le cœur, reprend le récit de Léon et celui de Tinamer ; le troisième frère, Jean Ferron, décrivant dans sa vie un cercle qui le ramène finalement à son point de départ (p. 82). Symboliquement placé au centre du récit de Tinamer, la lecture de la bible familiale constitue la dernière et la plus prestigieuse mise en abyme, la vie de Tinamer recevant là la dernière enveloppe dans laquelle elle est incluse. C'est pourquoi nous trouvons à cet endroit un passage capital qui décrit parfaitement la structure de tout le récit :

« On part de soi, on débouche sur le confinement de la maison, première mémoire de l'enfance, mickouam enfumé et doucereux, on passe à des environnements plus limpides, à des espaces de plus en plus vastes qui, en inventant le monde, approfondissent le temps ; de sa naissance on tombe à l'origine de ses familles, après le déluge de l'Atlantique, et l'on repart de Yamachiche qui, vers l'est, empiète sur le comté de Maskinongé » (p. 77).

Le récit de Tinamer ressemble en effet à des cercles concentriques : son récit comprend celui de son père qui englobe à son tour celui de toute sa famille jusqu'aux origines du monde. Ainsi, le point de départ de Tinamer ayant été fixé à l'origine de sa famille, nous revenons graduellement vers le présent, avec l'évocation, par Léon, du comté de Maskinongé, le pays de son enfance à lui (p. 82–84), dont on nous avait, à quelques reprises, mentionné le nom. Le chapitre se termine par un nouveau rapprochement du présent, Tinamer affirmant qu'elle peut opposer au comté de Maskinongé de son père, son propre pays, qui est le bois enchanté.

Chapitre huitième. — Ce bois derrière la maison familiale sert d'ailleurs de décor à ce chapitre. La transition entre celui-ci et le précédent se fait en douceur, le domaine enchanté de Tinamer répondant au comté natal. Cependant le début rappelle la fin des chapitres sixième et cinquième où Tinamer nous avait prévenus de l'impossibilité de se promener en été dans le bois, envahi alors par les maringouins (p. 71 et 61). Tinamer commence en effet en déclarant : « J'eus de nouveau accès au sous-bois, du bon côté des choses, quand mon pays, le domaine de mon enfance, cessa d'être une maringouinière, vers le milieu du mois d'août » (p. 87). Cet ordre logique et chronologique est cependant tout de suite battu en brèche de deux manières. Tout d'abord, Tinamer affirme retourner au bois dans l'espoir d'y rencontrer à nouveau la petite fille blonde aux yeux verts et Messire Hubert Robson qu'elle a vus une première fois dans son rêve. Elle écrit d'ailleurs : « Il me semblait que j'avais été impolie envers elle, sauvageonne et farouche autant qu'une bécasse » (p. 87-88), phrase qui reprend celle utilisée dans le récit de son rêve : « Mon impolitesse les avait rebutés » (p. 46) — ce qui indique bien que, pour elle, rêve et réalité s'interpénètrent. Suit immédiatement la rencontre avec Monsieur Northrop (p. 88-94), qui complète les deux passages où il était déjà apparu. Reçoivent ainsi leur signification l'allusion au jeu des quatre coins, la montre-boussole, les promenades de Tinamer dans le bois, la petite fille blonde qui l'accompagne souvent, toutes choses à mettre en rapport avec la notion d'orientation. Le chapitre se termine par un approfondissement de la nature des liens existant entre Tinamer et ses parents, passage où elle comprend la nécessité de se libérer d'eux et qui renvoie à plusieurs autres (p. 31-34, 40-42, 62, 71).

Chapitre neuvième. — Ce chapitre est lié au précédent de façon chronologique en ce sens que, Tinamer vieillissant, le domaine de son enfance se défait peu à peu ; nous sommes d'ailleurs en automne. Cependant la rencontre avec Messire Hubert Robson brise le déroulement linéaire. Nous devons tout d'abord nous souvenir que, pendant son rêve, Tinamer avait rencontré le pauvre prêtre égaré (p. 48-50). Le présent épisode développe donc celui du chapitre quatrième. De plus, comme nous l'avons vu, la deuxième rencontre semble se produire dans la réalité et non, comme la première, dans le rêve. C'est donc dire que pour Tinamer le rêve fait partie de la réalité et est susceptible d'atteindre des perspectives infinies. En troisième lieu, Hubert Robson racontant lui-même ses aventures à Tinamer, nous sommes en présence d'un nouveau conteur et, une fois de plus, nous avons un conte dans le conte. Cet éclatement de la réalité s'explique lorsque nous comprenons que toute la vie de Robson tient à sa fidélité à l'enfance. Enfin, Tinamer prend sur soi de rapprocher les deux aventures de Monsieur Northrop et d'Hubert Robson. Elle confie en effet au pauvre prêtre ce que lui a dit le vieil Anglais (p. 93-94), à savoir « que Mary Mahon est une manière de petite fée, qu'elle sort des terriers au printemps pour voir l'amélanchier en fleur comme une grande girandole en bordure des clairières et qu'ensuite on n'a plus de ses nouvelles pour tout le reste de l'année » (p. 108). Elle en avait d'ailleurs eu l'intuition juste avant sa dernière rencontre avec Monsieur Northrop (p. 88). Le chapitre se termine avec le retour à la maison de Tinamer où l'on s'aperçoit de son changement d'attitude à l'endroit de sa mère, qu'elle trouve maintenant « plaisante et chaleureuse » (p. 109).

Chapitre dixième. — Un lien logique et chronologique unit à nouveau les chapitres neuvième et dixième. Vers la fin du chapitre neuvième Tinamer nous a en effet révélé que « ce fut cette année-là que ma mère Etna commença de m'apprendre les lettres et les chiffres » (p. 109). Or le chapitre suivant commence ainsi : « Le temps vint où je dus aller à l'école qui se trouvait, comme bien on pense, du mauvais côté des choses. Ma mère Etna ne me demanda même pas mon avis ... » (p. 111). Cependant la description du mauvais côté des choses, où doit se rendre Tinamer, constitue la part la plus importante de ce chapitre : cette description du labyrinthe complète donc ce que Tinamer nous en a dit plus tôt (p. 28–30 et 20-21). D'autres éléments nous obligent aussi à retourner en arrière. Par exemple l'affirmation de Tinamer apprenant au Principal que son père pille trois ou quatre banques le vendredi, qui est pour lui « une grosse journée » (p. 113), nous reporte à l'image qu'elle se faisait de son père en voleur (p. 32). La disparition, pour Tinamer, du partage du monde en un bon et un mauvais côté, et son changement d'attitude à l'égard de son père, qu'elle juge maintenant « un sacré farceur » (p. 120–122), rappelle, en s'y opposant, le passage où elle nous avait confié son admiration pour celui qui avait partagé le monde « en deux unités franches et distinctes » (p. 26). Enfin le rapprochement de Tinamer à l'égard de sa mère, qui correspond à son éloignement vis-à-vis du père, ajoute à notre connaissance de l'évolution des relations entre elle et ses parents.

Chapitre onzième. — Une fois de plus, l'auteur se soucie de lier logiquement ses chapitres. Le chapitre dixième se terminait par la phrase suivante, qui résume le changement d'attitude de Tinamer envers ses parents : « Tout ce que je comprenais, c'est que j'avais pour père un homme étrange, que j'avais déjà compris et que maintenant je ne comprenais plus » (p. 125), phrase à laquelle répond le début du chapitre onzième : « Mon père s'était détourné de moi et moi de lui, du moins transitoirement, en apparence » (p. 127). Ce chapitre raconte d'ailleurs de façon chronologique l'histoire de Jean-Louis Maurice dont Léon s'est occupé au Mont-Thabor. Si le récit des années passées par Jean-Louis dans cette maison se déroule de façon tout à fait linéaire, à l'image de sa vie aveugle et routinière — songeons, par exemple, à la description de la salle Notre-Dame-de-Lourdes (p. 137–140) —, nombre d'indices nous forcent à rapprocher certains passages de pages antérieures. L'histoire de ce jeune garçon, loin d'être indépendante, s'intègre au contraire parfaitement au récit de Tinamer. Ainsi la description du Mont-Thabor complète celle du mauvais côté des choses dont il fait partie (p. 143). Ce n'est qu'ici que Tinamer juge bon de nous révéler la signification de l'adverbe « incestueusement » (p. 131-132), qu'elle a utilisé à quelques reprises pour qualifier les relations de ses parents, et la raison pour laquelle Léon accole à son nom le mot « esquire » (p. 146-147). Nous découvrons aussi que Léon n'exerce pas le métier de voleur, comme sa fille nous l'avait laissé entendre, mais, qu'au contraire, il est geôlier dans une maison d'aliénés. Nous comprenons maintenant que la Mi-Carême, où était tombée Tinamer dans son rêve (p. 58–60), préfigurait la salle Notre-Dame-de-Lourdes. Enfin, et surtout, nous nous apercevons que la fonction des enfants aliénés, dont Léon avait parlé (p. 67–69), après avoir raconté à sa fille sa nuit de l'incendie de l'église, est en rapport avec la notion d'orientation et de conquête de l'identité. Tinamer rapproche les scènes très clairement : « Je me souviens à présent que Léon de Portanqueu m'avait déjà parlé de ces derniers, lorsqu'à ma propre expérience il ajoutait la sienne, me racontant comment pour la première fois, à la faveur d'un incendie, il avait pu traverser la nuit sans perdre le fil de son identité » (p. 146). D'ailleurs, la relance du partage du monde en un bon et un mauvais côté (p. 128), les passages sur la mémoire extérieure et intérieure (p. 145-146), la description du Mont-Thabor dans lequel on reconnaît le labyrinthe de Papa Boss, tout cela prouve avec suffisamment de clarté que l'histoire de Jean-Louis Maurice ne peut se comprendre qu'avec le souvenir de toutes les pages qui précèdent.

Fragmentation et mise en abyme

L'analyse de la structure de *l'Amélan-chier* nous permet de comprendre la signification des deux principales techniques de composition utilisées par l'auteur : la mise en abyme et la fragmentation des différentes séquences du récit. Dans une histoire basée sur la notion d'orientation domocentrique, ces deux techniques ont pour fonction de rompre le caractère linéaire du récit, assimilé au labyrinthe, et de lui donner une forme à l'imagne du monde merveilleux de l'enfance. L'emploi de ces deux techniques est donc relié à ce que l'œuvre a de plus essentiel. Ainsi la mise en abyme des différentes séquences du récit, dans le sens d'un élargissement continuel de l'espace (p. 77) fait éclater le récit de l'enfance de Tinamer. Tinamer peut ainsi briser sa solitude, s'évader de la prison de son moi, s'ouvrir à la vie extérieure, remonter jusqu'aux origines du monde, se rattacher à la longue suite d'hommes qui l'ont précédée sur la terre. C'est pourquoi à l'intérieur du récit de l'enfance de Tinamer, dernière venue dans la chaîne, se cache le récit de l'enfance de Léon, et, à l'intérieur de ce dernier, celui de toute la famille de Portanqueu, qui commence après le déluge de l'Atlantique. C'est pour la même raison que l'enfance de Tinamer, identifiée au bois enchanté, incorpore les aventures de Monsieur Northrop, d'Hubert Robson, de Mary Mahon, du signor Pétroni. Elle ne se limite pas à elle-même, ce qui serait une nouvelle prison, semblable à celle de ses vingt ans, mais remonte dans un passé plus lointain, et intègre à son espace natal celui des autres personnages. Se souvenant de son enfance, Tinamer se souvient de personnages qui à leur tour se tournent vers leur point d'origine, chaque maillon de la chaîne jouant un rôle de relais dans le salut de l'humanité entière.

Il en va de même de la fragmentation des nombreuses séquences du récit. On aurait tort de voir dans l'utilisation de cette technique une concession à la mode. Je ne pense pas que Jacques Ferron soit homme à se soucier de la mode. Cette technique correspond en tout cas à la notion de mémoire, fondamentale par rapport à celle d'orientation domocentrique. Nous avons vu le rôle joué par la mémoire chez tous les principaux personnages, à commencer par Tinamer elle-même : l'*Amélanchier* est le résultat de l'exercice de sa mémoire. Quel meilleur moyen l'auteur pouvait-il inventer pour nous sensibiliser, nous lecteurs, à l'importance de cette notion, que de construire le récit de telle façon qu'il nous oblige constamment à revenir en arrière, à notre point de départ ; à nous souvenir à tout instant de ce que nous avons lu précédemment, si nous voulons comprendre le sens de la page que nous avons sous les yeux ; à nous faire suivre, pour notre propre compte, la démarche de tous les personnages, c'est-à-dire à retrouver notre chemin dans cette forêt qui est le récit, où quantité d'indices nous indiquent la route ; à nous sauver en trouvant un sens au récit et en nous situant comme lecteurs, bref, en découvrant nous aussi notre identité. La double fonction de la structure du récit est donc de nous donner une image de la démarche des personnages et de nous obliger, à leur suite, à parcourir le même itinéraire.

La vérité, le sens du récit ne se révèlent donc pas dans leur continuité linéaire mais par recoupements et correspondances. Certes, l'auteur prend toujours soin d'établir des transitions logiques, souvent chronologiques, entre les chapitres. Cependant, si nous nous en tenons uniquement à cette logique, le sens profond du récit nous échappe. Les vrais liens sont ailleurs, dans le souvenir de tel paragraphe ou de tel passage lu trente ou cinquante pages auparavant. Nous mesurons ainsi à chaque page de l'*Amélanchier* l'insignifiance, au sens propre du mot, du récit dans ce qu'il a de linéaire.

Allusions littéraires

Dans la même optique que la mise en abyme et la fragmentation des séquences, l'auteur emploie une technique qui n'est pas nouvelle, mais qu'il utilise ici de façon systématique, et avec raison, puisqu'elle est parfaitement cohérente avec les autres éléments étudiés de *l'Amélanchier*. Cette technique, qui est l'allusion à des œuvres littéraires connues, joue en effet le même rôle que la mise en abyme et la fragmentation des séquences. D'une part, ces allusions, disposées aux endroits stratégiques du récit, sont comme de petits miroirs chargés de refléter, en abyme, la situation, l'action du récit, c'est-à-dire de propulser le récit dans un univers autre que le sien, de faire éclater son espace. D'autre part, ces allusions à des œuvres littéraires autres que celle que nous sommes en train de lire, nous obligent, pour établir les correspondances qui s'imposent, à nous rappeler ces œuvres. Ainsi, comme Tinamer, se rappelant son enfance, est amenée à intégrer à son récit l'histoire des hommes depuis les origines du monde, son récit, *l'Amélanchier*, récupère quelques-uns des récits les plus connus depuis que les hommes écrivent, comme nous allons maintenant le montrer.

Tinamer emprunte en effet à plusieurs littératures, aux plus anciennes comme aux plus modernes. Faut-il se surprendre que dans son récit qui, à travers l'histoire de sa famille, remonte jusqu'aux origines du monde, elle utilise constamment une imagerie qui appartient à la Bible, l'un des plus vieux textes de notre civilisation. Ce n'est donc pas sans raison qu'elle désigne sous le nom de « bible » (p. 73), le livre où Léon lit l'histoire des de Portanqueu. Tout au long du récit de Tinamer reviennent des images bibliques. Le comté de Maskinongé (p. 83-84) et le bois enchanté, au centre duquel se dresse l'amélanchier, et dont Jean-Louis Maurice garde l'entrée, tel l'ange, un glaive de feu à la main (p. 163), sont assimilés au paradis terrestre dont sont chassés les adultes, comme l'ont été autrefois Adam et Ève. La bible des de Portanqueu traite d'ailleurs du déluge qui dura « pendant plus de quarante journées » (p. 74) et que dut vaincre « Capitaine Noé ». Ailleurs, Tinamer parle de Papa Boss, « Dieu le Père de la Trinité américaine », dont le napalm est le Saint-Esprit (p. 30), ce qui justifie l'expression « la Pentecôte du napalm » (p. 141), du loriot qui, dans le bois enchanté, est « le Saint-

Esprit du mois de mai» (p. 44), de «l'évangile selon Colgate et Palmolive» (p. 144), du Mont-Thabor, où eut lieu la transfiguration du Christ, c'est-à-dire la révélation à ses disciples de sa véritable identité, d'Hérode qui dirige l'organisation du labyrinthe (p. 101). Léon poursuit dans la même veine en relançant le ciel et l'enfer et utilisant à l'occasion l'image biblique du «beurre et du miel» (p. 42) — qui rappelle la terre promise, terre de lait et de miel. Il emprunte parfois le ton de l'Évangile, comme dans cette phrase adressée à Etna: « Femme de peu de foi, indigne du héros que toi-même tu déshabillais autrefois, qu'as-tu fait de ta main avisée et de tes flammes juvéniles? » (p. 33).

Tinamer puise d'ailleurs volontiers dans toute la mythologie occidentale, avec la légende des trois frères (p. 74), comme dans la mythologie grecque, pensons au labyrinthe, au Minotaure, au fil d'Ariane, assimilé au fil de l'identité conquise dans la traversée de la nuit, à Jean Ferron, le voyageur, qui, comme Ulysse, revient mourir parmi les siens (p. 79). Les correspondances entre ces images et le récit de Tinamer parlent par elles-mêmes. Cependant Tinamer emprunte aussi à des littératures beaucoup plus proches de nous, italienne, anglaise, française et québécoise. Si le «Oh! oh! Che naso brutto» souvent repris fait penser au *Pinocchio* de Collodi, les allusions à *Alice au pays des merveilles* de Lewis Carroll sont très nombreuses. Nous avons vu comment le début du rêve de Tinamer (p. 45), qui s'endort assise dans l'herbe, correspond en tout point au début d'*Alice*. Comme cette dernière, d'ailleurs, elle suit un lapin, Monsieur Northrop, dans son terrier — « À ma grande surprise, je pus me glisser facilement dans la fente qui dès lors, tel un couloir, alla en s'élargissant » (p. 52) — arrive à un petit pavillon où elle trouve de la nourriture qu'elle mange, ce qui la fait rapetisser. Le bois de Tinamer rappelle le jardin enchanté de la reine, que découvre Alice, et à l'entrée duquel se dresse un grand rosier. Mais, surtout, la nécessité dans laquelle se trouve Tinamer dans son rêve, comme dans son enfance et à l'âge adulte, celle de se sauver en traversant la nuit, sauvegardant ainsi son identité, correspond exactement à l'aventure d'Alice. On peut songer aussi à d'autres auteurs anglais dont s'inspire Tinamer, comme Daniel Defoe (p. 15) et aussi John Milton, l'auteur du *Paradis perdu*, où il est question d'Adam et Ève qui doivent, comme Tinamer, apprendre à vivre ce qui leur reste de vie en dehors du paradis dont ils sont désormais chassés.

Tinamer emprunte aussi à deux œuvres de la littérature française, l'une peu connue, *Ollivier* de Jacques Cazotte, dont elle nous souligne d'ailleurs le titre (p. 154). Tinamer a transposé, sans beaucoup y changer, un épisode d'*Ollivier* où deux personnages, Enguerrand et Barin, parvenus dans une forêt enchantée, trompés par l'appât d'un repas succulent, se retrouvent prisonniers dans une cage gardée par des fées. Enguerrand essaye de s'échapper, en vain, puisque toutes les routes de la forêt ramènent au château de Strigilline qui lui appliquera un onguent magique pour le transformer en perroquet. À leur réveil, enfourchant des manches à balais, ils arrivent dans un sabbat et s'aperçoivent que des plumes leur ont poussé sur le nez. Grâce au président de l'assemblée, ils réussiront finalement à retourner au château par magie, à arracher l'aigrette de Strigilline et à retrouver leur chemin et la liberté. Comme on le voit, le récit de Tinamer est très proche de l'épisode d'*Ollivier*. Le plus important me semble cependant l'intérêt que porte l'auteur à Cazotte dont la production se signale par son rejet de la logique, par la part significative qu'elle accorde à la fantaisie et au merveilleux.

En ce qui concerne *À la recherche du temps perdu*, son influence sur le récit de Tinamer est partout présente. L'importance de la mémoire et des objets privilégiés qui font naître le souvenir, comme le télescope et l'amélanchier, le retour du récit sur lui-même, la fin renvoyant au début, le héros devenant créateur, c'est-à-dire commençant la rédaction du livre que nous venons de lire, à partir du moment où il a conquis son identité, voilà autant de signes évidents que Tinamer a lu Proust. Enfin, elle nomme trois auteurs québécois : le frère Marie-Victorin, dont elle cite un extrait de son étude de l'amélanchier dans sa *Flore laurentienne* [1] ; Anatole Parenteau, dont elle mentionne une phrase — « La patrie c'est tout, la patrie c'est rien » (p. 156) — tirée de son livre, *la Voix des sillons* [2] ; l'abbé Charles-Édouard Mailhot, à qui elle emprunte l'histoire de Messire Robson et de Mary Mahon, prise telle quelle dans le premier tome des *Bois-*

---

1. Frère Marie-Victorin, *Flore laurentienne*, 2ᵉ édition entièrement revue et mise à jour par Ernest Rouleau, Montréal, Les Presses de l'Université de Montréal, 1964, p. 315.
2. Anatole Parenteau, *la Voix des sillons*, Montréal, Éditions Édouard Garand, 1932, p. 126-127.

Francs [3]. On note donc une prédilection de l'auteur pour des œuvres québécoises peu connues ou peu lues, qu'il préfère aux œuvres contemporaines, nous incitant de la sorte à remonter aux débuts de notre littérature que nous avons peut-être trop tendance à oublier, emportés que nous sommes vers l'avant par le fil du *progrès*.

Conclusion : le télescope et l'amélanchier

Pour terminer ce chapitre consacré à la structure du récit, j'aimerais attirer l'attention sur deux objets qui sont investis, dans le récit de Tinamer, d'une dimension poétique et d'une valeur significative très grandes ; le télescope de Léon et l'amélanchier. Le télescope grâce auquel Léon regarde la lune est intéressant à plus d'un titre. Nous avons déjà montré comment il est cet objet privilégié à la vue duquel la mémoire de Tinamer commence à s'éveiller (p. 42). Il joue en quelque sorte le rôle de la petite madeleine pour le héros proustien. Il a cependant une autre signification, non moins remarquable, en rapport cette fois avec la structure du récit, telle que nous venons de la décrire. Le récit nous est en effet apparu comme une série de cercles concentriques, dans le sens d'un agrandissement progressif de l'espace, jusqu'à donner une perspective infinie. Non seulement le télescope de Léon représente-t-il parfaitement l'image de la structure du récit, mais encore permet-il de voir la réalité sous un angle différent, dans la mesure où il donne à l'observateur la possibilité de varier son point de vue. Grâce à lui, Tinamer peut prendre du bon côté des choses une vision nouvelle, ce qu'elle nous explique de la manière suivante : « L'œil nu n'y suffisait pas ; il fallait l'appoint d'une lunette, aussi longue qu'un petit canon, qui nous emmenait l'œil à plus de trois pieds de la tête, dont la magie se conjuguait à celle de la lune ... » (p. 27).

3. Abbé Charles-Édouard Mailhot, *les Bois-Francs*, Arthabasca, La Compagnie d'imprimerie d'Arthabascaville, 1914, t. 1, p. 399–412.

Quant à l'amélanchier, il signifie en même temps toutes les notions fondamentales du récit qui en tire son nom. Il apparaît tout d'abord comme un véritable arbre-boussole, arbre-pilote, par rapport auquel on peut toujours s'orienter, phare qui guide le navigateur en mer. Tinamer nous le présente d'ailleurs ainsi : « Durant une petite semaine, on ne voyait ni n'entendait que l'amélanchier, puis il s'éteignait dans la verdure, plus un son, parti de l'arbre solo, phare devenu inutile » (p. 11-12). Cette comparaison est reprise plus loin au deuxième degré, si l'on peut dire, lorsque Tinamer nous dit ce qu'elle représente pour son père : « C'était pour aller gagner de l'argent, pour me sauver, moi, la prunelle de sa vie, son bel amélanchier... » (p. 31). Nous arrivons ainsi à la notion d'enfance que signifie aussi l'amélanchier. Il résume toute l'enfance de Tinamer qui, à son tour, semblable à l'amélanchier, rappelle à Léon son enfance en Maskinongé. Cet arbre a en effet la particularité de fleurir dès le premier printemps, avant tous les autres arbres, pendant une période très brève après laquelle il se fond dans le bois, symbole de la première enfance. Il est donc pour Tinamer ce qu'elle-même représente pour son père : l'être privilégié en qui se cache l'enfance et qui déclenche la mise en marche de la mémoire. Par l'attrait qu'il exerce sur les oiseaux, par le simple fait qu'il soit un arbre, il oppose au béton et à l'asphalte du labyrinthe la vie dans ce qu'elle a de merveilleux et de fantaisie, rappel de la nature, de la forêt, dans notre monde cimenté. Il est enfin l'image même de l'enracinement dans le passé, arbre présent au sein de la vie de Tinamer, Léon, Jean-Louis Maurice deuxième manière, Monsieur Northrop, Messire Hubert Robson et Mary Mahon, le signor Pétroni, véritable lien entre les différents personnages, symbole de cette perpétuelle mise en abyme qu'est tout le récit.

conclusion

Au terme de notre analyse de *l'Amélan-chier*, nous pouvons affirmer que ce récit constitue une structure significative d'une remarquable cohérence et d'une simplicité exemplaire, semblable en cela à la structure du conte populaire. Tinamer ne dit-elle pas à bon droit qu'« il est agréable d'écrire en autant que la fabrication ne l'emporte pas sur la bonne foi » (p. 152). Pour cette raison Jacques Ferron m'apparaît comme un grand écrivain. De plus, la structure de *l'Amélanchier* présente une homologie frappante avec celle de la société québécoise en 1970.

Vers 1960 est née au Québec une idéologie axée sur la conquête de l'autodétermination et de l'indépendance par le contrôle de tous les secteurs de la vie nationale. Depuis la fin de la guerre, s'est accélérée chez un nombre sans cesse croissant de Québécois une prise de conscience de notre situation véritable, vue pour la première fois dans sa brutale vérité. Nous commençons à diagnostiquer le mal qui nous ronge : nous sommes, en tant que Québécois, colonisés, aliénés, dominés, dépossédés. Tout Québécois, quelle que soit la classe sociale à laquelle il appartient, est un être minoritaire.

Certes, il est facile de voir que, par son contenu, *l'Amélanchier* décrit un pays, une ville que nous connaissons bien, de même qu'y apparaissent des figures familières de notre société : juge, poète, cardinal, politicien, maison de santé : pensons au Mont-Thabor qui ressemble comme un frère au Mont-Providence. Mais aborder l'œuvre ainsi la réduit à sa dimension d'historiette, de chronique sociale. Or la valeur de *l'Amélanchier* vient surtout du fait que sa structure est un élément dynamique de l'idéologie de libération et d'indépendance de la société québécoise actuelle. À cet égard, les rapprochements qu'établit Tinamer, dès la première page, entre son récit et le conte, sont révélateurs. Le conte, genre libre par excellence, soumis à aucune loi, à aucune logique, a cet avantage sur le roman traditionnel qu'il n'est pas tenu à la vraisemblance. La forme du conte est celle même de la liberté. Choisir d'écrire un conte, c'est ne pas accepter les règles du jeu réaliste, c'est rejeter le joug de la raison. Faire un conte, c'est présenter la réalité, non comme elle est, mais comme on voudrait qu'elle soit. Tinamer rédige donc le récit de son enfance sous forme de conte pour la même raison que Léon, à l'exemple des ancêtres, fabulait : « Ce fut ainsi que les Ferron, en plus de semer le blé français et le sarrazin, se firent fabuleux pour donner regain à un vieil héritage, relancer le conte et la chanson qui font partie des nécessités de la vie » (p. 82). Le conte transforme le pareil-au-même quotidien et nous le rend acceptable. Ainsi, l'Amélanchier, comme la société québécoise actuelle, rejette la réalité présente et recherche une forme de vie qui convienne davantage à l'homme québécois.

D'autre part, les notions d'orientation et d'identité, fondamentales dans l'Amélanchier, caractérisent la société québécoise contemporaine. Il est intéressant de noter qu'au moment même où le Québec cherche son identité nationale, l'Amélanchier nous présente des personnages précisément à la recherche de leur identité. Ce récit parut en 1970, l'année de l'enlèvement par le Front de libération du Québec de deux hommes politiques, l'un anglais, l'autre québécois. Signe de lucidité, l'Anglais fut relâché, le Québécois exécuté. Simple question d'orientation et d'identité : l'Anglais retrouva sa liberté parce qu'étant anglais, à l'instar de Monsieur Northrop, il n'avait pas oublié son point d'origine et était donc sans reproche ; quant à l'autre, mi-figue, mi-raisin, ayant oublié, au contraire de Tinamer, sa voisine, son point d'origine, il était, de toutes façons, irrémédiablement perdu.

En outre, la découverte par l'homme de son identité personnelle n'est que le prélude à la découverte de l'identité nationale. C'est dans la mesure où chacun, à l'exemple de Tinamer, se rattachera aux origines du monde, aux origines de la communauté à laquelle il appartient, que le pays se réunira à lui-même dans son identité et son unité conquises. Tinamer l'exprime très bien à la fin de son récit :

> « Un pays, c'est plus qu'un pays et beaucoup moins, c'est le secret de la première enfance ; une longue peine antérieure y reprend souffle, l'effort collectif s'y re-

groupe dans un frêle individu ; il est l'âge d'or abîmé qui porte tous les autres, dont l'oubli hante la mémoire et la façonne de l'intérieur de sorte que par la suite, sans qu'on ait à se le rappeler, on se souvient par cet âge oublié. Un pays, c'est plus, c'est moins qu'un pays, surtout un pays double et dissemblable comme le mien, dont la voix ne s'élève que pour se contredire, qui se nie, s'affirme et s'annule, qui s'use et s'échauffe à lui-même, au bord de la violence qui le détruira ou le fera vivre » (p. 155-156).

Ainsi une liaison salvatrice se noue entre le pays et l'individu, l'un et l'autre s'aidant mutuellement dans la conquête de l'identité. Au moment précis où le Québec est, comme Tinamer, tiré vers l'avant par le fil du temps et que, dans cette course effrénée du progrès, il risque lui aussi d'oublier son point d'origine, *l'Amélanchier* nous avertit que la connaissance de ce que nous sommes comme nation ne nous sera révélée que lorsque chacun aura vaincu pour son propre compte ses ténèbres intérieures.

Toute la structure de *l'Amélanchier*, caractérisée, comme nous l'avons vu, par une perpétuelle mise en abyme et la fragmentation des séquences du récit, a pour fonction de présenter de la réalité une image qui n'est plus linéaire mais au contraire riche de tous les possibles. Cette complexité traduit bien l'éclatement au Québec, surtout depuis 1960, d'une idéologie monolithique en une multiplicité d'idéologies qui s'affrontent. Le récit ne peut plus être linéaire parce que l'idéologie globale de notre société ne l'est plus. Les garde-fous renversés, l'accès est désormais libre à toutes les possibilités de l'être. L'éclatement du récit annonce notre libération de la triste succession chronologique dans laquelle nous tenait prisonniers l'histoire. Désormais, à l'exemple du récit éclaté, nous pouvons collectivement rompre les liens qui nous enchaînent, refuser de nous soumettre à l'ordre imposé. C'est en ce sens que Jacques Ferron, dans *l'Amélanchier*, est un grand écrivain. S'il est certain que le Québec n'est pas encore indépendant et qu'une majorité de Québécois sont encore colonisés, il est tout aussi certain par ailleurs que, depuis la fin de la guerre, un mouvement d'indépendance nationale s'accentue sans cesse. La libération du récit des formes traditionnelles participe ainsi au même mouvement, le devançant en cohérence, l'entraînant à sa suite après y avoir pris naissance, l'écrivain qu'est Jacques Ferron vivant simplement le drame de la collectivité à laquelle il appartient avec plus d'acuité et de conscience que l'homme ordinaire.

L'*Amélanchier*, roman moderne par l'éclatement du récit, du temps et de l'espace, par l'image du labyrinthe, mais — et c'est là son originalité sur beaucoup d'œuvres contemporaines — du labyrinthe dont on réussit à sortir. Si les personnages sont à certains moments perdus, ils réussissent à s'orienter et à se sauver. Nous aussi, lecteurs, sommes, à première lecture, désorientés par le vocabulaire et la syntaxe dont c'est souvent précisément la fonction. Archaïsmes, néologismes, mots étrangers écrits à la française — pensons au « Ouhonnedeurfoule-dé » de Monsieur Northrop (p. 11) — rapprochement incongru d'un adjectif et d'un nom — « le bitume antédiluvien » (p. 29) — opposition du fond et de la forme syntaxique qui présente comme logique ce qui ne l'est pas, et dont l'*Amélanchier* offre plusieurs exemples, parmi lesquels je rappelle au hasard les suivants : « des vendeurs d'eau minérale et d'esprit civique » (p. 30) ; « Il se faisait tard, la lune continuait de refroidir la soirée » (p. 37) ; « Cette escarmouche ne trouble pas le déroulement du matin, le lever du soleil, le déjeuner » (p. 41) ; « J'étais une bonne élève et réussissais bien, preuve que tout ce qu'on m'apprenait était vrai » (p. 120). Ces constructions reprennent au niveau de la phrase ce que nous avons montré au niveau des articulations du récit, des liens logiques ou chronologiques reliant les chapitres les uns aux autres, liens dérisoires qui cachent les vrais, qui ne sont ni logiques, ni chronologiques. En dépit de cette volonté manifeste d'égarer le lecteur, l'auteur place suffisamment d'indices pour que nous puissions nous orienter. S'il machine tout, dans un premier temps, pour nous perdre, c'est parce que la conscience de notre perdition est le fondement du début de notre quête de vérité.

L'auteur nous force ainsi à entreprendre une démarche semblable à celle des personnages, à nous réunir à nous-mêmes, à nous orienter dans le récit, à assurer notre salut. S'il nous perd c'est donc pour mieux nous sauver. Ainsi, à l'unique procédé de mystification de l'auteur doit répondre le travail de déchiffrage du lecteur, étant entendu que, grâce aux indices disposés par lui tout au long du récit, ce travail d'orientation est réalisable. L'*Amélanchier* se révèle donc, non seulement pour les personnages, mais aussi pour le lecteur, l'occasion de conquérir son identité, de passer de l'aveuglement à la libération, d'assurer son salut, dernière et prestigieuse mise en abyme où nous découvrons avec surprise que c'est maintenant à nous de jouer. Comme nous sommes loin de la parfaite *linéarité* sécurisante de *Bonheur d'occasion*! La société québécoise a renversé depuis 1945 la plupart des structures qui lui avaient servi de remparts pendant un siècle. Le chemin n'est plus droit, lisse devant nous. Nous sommes au carrefour de toutes les routes pour la première fois de notre histoire. Les rêves les plus fous sont possibles. C'est le début de la fin de semaine, c'est samedi, « tout peut arriver » (p. 62).

repères biographiques

1920   Mariage d'Alphonse Ferron et d'Adrienne Caron. Le père de Jacques Ferron est notaire, son grand-père cultivateur. Sa mère est issue d'une famille qui compte plusieurs députés.

1921   Naissance de Jacques Ferron, le 20 janvier, à Louiseville, comté de Maskinongé. Il aura un frère, Paul, et trois sœurs, Madeleine (écrivain), Marcelle (peintre) et Thérèse.

1932   Mort de sa mère, le 5 mars.

1932–1940   Cours classique. Il est pensionnaire au collège Brébeuf à Montréal. Il a notamment comme condisciple P.-E. Trudeau.

1940–1945   Études de médecine à l'Université Laval.

1943   Il épouse Madeleine Thérien, dont il aura une fille quatre ans plus tard.

1945   Il est reçu médecin.

1945–1946   Médecin dans l'armée canadienne. Il voyage pour le compte de l'armée des Rocheuses à la baie de Fundy.

1946–1948   Médecin en Gaspésie à Petite-Madeleine, puis à Rivière-Madeleine.

1947   Mort de son père, le 5 mars.

1948   Se sépare de sa première femme et se remarie avec Madeleine Lavallée dont il a trois enfants : Marie, Martine et Jean-Olivier.

1949   Atteint de tuberculose. Il est traité au Royal Edward Laurentian Hospital de Sainte-Agathe.

1949   Il s'établit à Ville Jacques-Cartier où il pratique la médecine générale.

1955   Il est candidat du Parti social démocratique aux élections fédérales.

1960   Il démissionne du P.S.D.

1963   Il fonde le Parti rhinocéros, parti fédéral de la dérision. Il reçoit le Prix du gouverneur général.

1966   Il est candidat du R.I.N. aux élections provinciales.
1966   Il s'occupe des enfants au Mont-Providence.
1969   Il est médecin à l'hôpital Saint-Jean-de-Dieu.
1972   *Les Roses sauvages* obtiennent le Prix France-Québec.
1973   Il reçoit le Prix Duvernay de la S.S.J.B. de Montréal pour l'ensemble de son œuvre.

éléments de bibliographie

1. Œuvres de Jacques Ferron *

a) *Théâtre*

L'Ogre, pièce en quatre actes, Montréal, Cahiers de la file indienne, 1949, 83 p.

Le Licou, pièce en un acte, Montréal, Éditions d'Orphée, 1951 et 1958, 40 p.

Le Dodu ou le prix du bonheur, pièce en un acte, Montréal, Éditions d'Orphée, 1956, 91 p.

Tante Élise ou le prix de l'amour, pièce en un acte, Montréal, Éditions d'Orphée, 1956, 103 p.

Le Cheval de Don Juan, pièce en trois actes, Montréal, Éditions d'Orphée, 1957, 221 p.

Les Grands Soleils, pièce en trois actes, Montréal, Éditions d'Orphée, 1958, 181 p.

L'Américaine, pièce en un acte, in *Situations*, vol. 1, nº 7, Montréal, 1959, p. 15-28.

Cazou ou le prix de la virginité, pièce en un acte, Montréal, Éditions d'Orphée, 1963, 92 p.

La Tête du roi, pièce en quatre actes, Montréal, Cahiers de l'A.G.U.M., nº 10, 1963, 93 p.

* Je me limite ici aux œuvres les plus importantes de Ferron. Ainsi je n'indique aucune lettre et aucun article — et ils sont très nombreux — que Ferron a envoyés aux journaux et revues les plus divers.

La Sortie (supplément à *Tante Élise*), pièce en un acte, in *Écrits du Canada français*, nº 19, 1965, p. 111–147.

La Mort de Monsieur Borduas, pièce en un acte, in *les Herbes rouges*, nº 1, 1968, p. 3–8.

Théâtre 1, Montréal, Librairie Déom, 1968, 229 p. — Comprend : *les Grands Soleils*, nouvelle version en deux actes du texte de 1958 ; *le Don Juan chrétien*, nouvelle version du *Cheval de Don Juan*; *Tante Élise ou le prix de l'amour*, nouvelle version du texte de 1956.

Le Cœur d'une mère, pièce en un acte, in *Écrits du Canada français*, nº 25, 1969, p. 57–94.

b) *Contes, romans, récits*

La Barbe de François Hertel, sotie, Montréal, Éditions d'Orphée, 1951, 40 p. ; et à la suite de *Cotnoir*, Montréal, Éditions du Jour, 1970.

Contes du pays incertain, Montréal, Éditions d'Orphée, 1962, 200 p.

Cotnoir, récit, Montréal, Éditions d'Orphée, 1962, 99 p.

Contes anglais et autres, Montréal, Éditions d'Orphée, 1964, 153 p.

La Nuit, roman, Montréal, Éditions Parti pris, « Paroles », nº 4, 1965, 134 p.

Papa Boss, roman, Montréal, Éditions Parti pris, « Paroles », nº 8, 1966, 142 p.

Contes, édition intégrale des *Contes du pays incertain*, des *Contes anglais et autres*, augmentée de quatre contes inédits, Montréal, Éditions H.M.H., « L'arbre », 1968, 210 p.

La Charrette, roman, Montréal, Éditions H.M.H., « L'arbre », nº 14, 1968, 207 p.

Le Ciel de Québec, roman, Montréal, Éditions du jour, « Romanciers du jour », nº R-51, 1969, 404 p.

Historiettes, Montréal, Éditions du Jour, « Romanciers du jour », nº R-43, 1969.

Cotnoir, récit, suivi de *la Barbe de François Hertel*, sotie, nouvelle édition des textes parus en 1962 et 1951, Montréal, Éditions du Jour, « Romanciers du jour », nº R-57, 1970, 127 p.

Le Salut de l'Irlande, roman, Montréal, Éditions du Jour, « Romanciers du jour », nº R-69, 1970, 222 p.

L'Amélanchier, récit, Montréal, Éditions du Jour, « Romanciers du jour », nº R-56, 1970, 163 p.

Les Roses sauvages, petit roman, suivi d'*Une lettre d'amour soigneusement présentée*, Montréal, Éditions du Jour, « Romanciers du jour », nº R-75, 1971, 177 p.

La Chaise du maréchal ferrant, roman, Montréal, Éditions du Jour, « Romanciers du jour », nº R-80, 1972, 224 p.

Le Saint-Élias, roman, Montréal, Éditions du Jour nº R-85, 1972, 186 p.

Les Confitures de coing et autres textes, Montréal, Éditions Parti pris, « Paroles », nº 21, 1972, 326 p. — Comprend : *Papa Boss*, version corrigée et refondue ; *les Confitures de coing*, version entièrement nouvelle de *la Nuit* ; *la Créance* ; *Appendice aux Confitures de coing* ou *le Congédiement de Frank Archibald Campbell*.

11. Etudes consacrées à l'œuvre de Jacques Ferron

a) *Ouvrages*

MARCEL, Jean, *Jacques Ferron malgré lui*, Montréal, Éditions du Jour, « Littérature du jour », 1970, 221 p.

DE ROUSSAN, Jacques, *Jacques Ferron*, Montréal, Les Presses de l'Université du Québec, « Studio », 1971, 96 p.

b) *Chapitres ou articles (choix)*

GRANDPRÉ, Pierre de, *Dix ans de vie littéraire au Canada français*, Montréal, Beauchemin, 1966 : « Le pays incertain du fantastique et de l'humour » et « Style et fantaisie » (p. 172–179 et 209–213).

DÉRY, Daniel, « Le bestiaire dans Papa Boss », in *l'Action nationale*, vol. LIX, n° 10, juin 1970, p. 998–1006.

LAVOIE, Michelle, « Jacques Ferron : de l'amour du pays à la définition de la patrie », in *Voix et images du pays*, Cahiers de Sainte-Marie, n° 4, 1967, p. 87–101 ; « Jacques Ferron ou le prestige du verbe », in *Études françaises*, vol. 5, n° 2, mai 1969, p. 185–192.

MAILHOT, Laurent, « Jacques Ferron : de l'amour incertain à la patrie possible », in Jean-Cléo Godin et Laurent Mailhot, *le Théâtre québécois — Introduction à dix dramaturges contemporains*, Montréal, H.M.H., 1970, p. 151–172.

MAJOR, André, « Jacques Ferron romancier », in *Europe*, n° 478-479, février-mars 1969, p. 56–60.

MARCEL, Jean, « Tinamer au pays des merveilles : *l'Amélanchier* de Jacques Ferron », in *Livres et auteurs québécois 1970* p. 11–14.

ROBERT, R. « Un diagnostic du réel : les contes de Jacques Ferron », in *Lettres et écritures*, vol. 5, n° 1, janvier-mars 1967, p. 16–19.

ROBIDOUX, Réjean et André RENAUD, « Cotnoir », in *le Roman canadien-français du vingtième siècle*, Éditions de l'Université d'Ottawa, 1966, p. 185–196.

VANASSE, André, « Le théâtre de Jacques Ferron : à la recherche d'une identité », in *Livres et auteurs québécois 1969* p. 219–230.

table des matières

*Achevé d'imprimer à Beauceville
le 18 septembre 1973
par la Compagnie de l'Éclaireur Limitée*